校長解任
Before & After

～教職キャリアアップ～

《 目　次 》

　　　　はじめに……2
　　　　はじめ2……3

50代のキャリアアップ	人生は後半が面白い……………………	6
20代のキャリアアップ	駆けだし教師は子どもの声を聴け…	25
30代前半のキャリアアップ	自分の可能性に挑戦するとき………	40
30代後半のキャリアアップ	限界に挑む…………………………	45
40代前半のキャリアアップ	専門家への道を開け………………	54
40代後半のキャリアアップ	いばらの道を切り拓け……………	65
60代以降のキャリアアップ	人生これからが面白い……………	80
中央教育審議会との関わり	朝食を学校で………………………	101
全国研究大会の舞台裏・表	全国連合小学校長会長の仕事……	123
『小学校時報』巻頭言	ネタ探し……………………………	137
河合隼雄文化庁長官との対談	心をはぐくむ　新春対談…………	150

　　　おわりに……170

はじめに

平成27年（2015）元旦、古希を迎えた。今の世に、「古希」は「不惑」同様、実態とは全くかけ離れた言葉である。とは言うものの、我が身にとって一つの区切りであることに相異はない。この期に、教職に携わって以来、書きためてきたものを整理し、教職人生を振り返ってみようと思った。だが、そんなものを振り返って出版したところで、自己満足にしか過ぎない。勿論、その程度の駄文だが、教職にある人が今の先に、こんなこともあるのかと興味を持ってもらえたらと思い、70歳の眼で、既出の拙文の前後に、筆を加えた。「校長解任」とは、いささかショッキングな表題だが、70年間の人生で、自然・社会事象は別として、この言葉ほど強烈なことはなかったので、表題とした。長い人生の内には、誰にでも、こんな衝撃が来るものである。いつか分からないが、それは突然来るのである。人によってもっと強烈で、立ち直れない程の強さであるかもしれない。「校長解任」は、その一例に過ぎない。そういうことが、人生には確実にあるのである。

その時どうするか、それに続いて起きてくる諸々の事象に、どう対処するか。

そこに、今迄の経験や人との出会いやかかわりの濃さが凝縮されて、滲み出てくる。

その人の、ものの見方や考え方や生き方が出てくるのだ、と思っている。

そこで、各年代に書いてきた拙文を元に、教職キャリアアップの視点で、Before & After を付け加えることとした。

若い時は、生意気である。「若気の至り」と言う言葉があるが、そのぐらいの覇気があっていい。いや、欲しい。と思うのは、齢を取った証拠であろう。

30、40歳の働き盛りには、沢山冒険したらいい。周りは、ハラハラするかもしれない。しかし、一度しかない人生だ。やれるだけのことを悔いなくしたらいい。勿論、人に多大な迷惑をかけない範囲ではあるが。その結果がどうなるか、棺桶に足を突っ込む時にな

> 古希
>
> 駄文
>
> 若気の至り

挑戦　　って、いや、その後に評価が出てくるのだろう。少し恐いが、「怖いもの見たさ」と言う言葉もある。挑戦してみることだ。やらなければ後悔する。

　　　　　50代は、職業人としての完成期である。どんでん返しが待ち構えている。でも、それこそが人生の華である。苦あれば楽あり、楽
人生後半　あれば苦あり。人生後半が面白い、その心意気だ。

　　　　　60代以降は、充実期である。今まで培った豊かな経験と人とのつながりが、より充実した生活をもたらす筈だ。「人生これからが
面白い　　面白い」、今まで頑張ってきたご褒美を、我が身だけに使うもよし、若者の育成に使うもよし、その選択は、全て自分であり自由である。

　　　　　この書が、校長を目指す人のやる気を引き出すばかりでなく、今、
勇気　　　校長の立場にある人や若い教員にとって、勇気の起爆剤となれたら、この上ない喜びである。

　　　　　最後に、本書の編集に当たって、第一公報社代表の大平聡氏と編集の山内亜也子氏に、大変お骨折りを頂いた。心より感謝し、お礼を申し上げる次第である。

　　　　　　　　　　　　　　　　　平成27年(2015)5月　角田元良

「はじめに」を書いたのは、第一次校正が終わった時、平成27年の2月である。

　その前年の8月頃、まだ、全体の構想がまとまっていない時に、下記の文を巻頭にしようと書いていた。しかし、一次校正が終わってみると何となく違和感があり、差し替えを考えたが、捨て去りがたく下記を「はじめ2」とした。お許しいただきたい。

はじめ2

校長　　　学校のリーダー、それは校長です。何故なら、学校は、校長の経営方針の下で、あらゆる教育活動を推進する組織体だからです。

　　　　　しかし、校長だけがリーダーではありません。副校長・教頭・主

幹教諭・指導教諭・主任教諭は、その強力な参謀であり、仲間であり、リーダーです。　　　　　　　　　　　　　　　　　　　参謀

　更に、中堅の先生も若手教員も、子どもたちにとっては指導者であり、リーダーです。それだけではありません。教育活動を円滑に動かすために支えているスタッフも、それぞれの場で、自分の役割を自覚し、主体的に行動しながら一つの方向に向かう学校にしようと努力する、リーダーです。　　　　　　　　　　　　　　スタッフ
　　　　　　　　　　　　　　　　　　　　　　　　　　　　リーダー
　一人一人が、リーダーとしての意識をもち、組織としてまとまっている、そういう学校が、生き生きした学校です。それを統括する人が、最高責任者たる校長であり、そういう学校に作り上げるのが、校長の仕事です。　　　　　　　　　　　　　　　　　　　　組織

　だから、「校長は、誰でもなれる！」なんて言うのは、とんでもない考え違いです。少なくとも、国民から信託を受ける公立学校の校長は、誰でもなれるというものではありません。最近はやりの公募によって、一般社会人からその職に就いた人が、短期間で辞めていくことの多い事実から見ても、いかに厳しい職であるかが分かります。企業経験者が、思いつきで校長職が務まると思ったら、大間違いです。校長が、「話題づくり」になる時代ではないのです。　　公募

　世の経済状態が悪くなったり、政治が混迷状態に陥ってきたりすると、教育改革が俎上に上り、目先の教育制度をいじったり、世間の人の耳目を集めるために打ち上げ花火を挙げたがる人もいますが、今はそんな時代ではありません。　　　　　　　　　　　打ち上げ
　　　　　　　　　　　　　　　　　　　　　　　　　　　　花火
　事件・事故が起こった時のマスコミ報道を見ていると、その対応の遅さに、校長や教育委員会は、何をしているのか、と思うことがあるかもしれません。事実かもしれませんが、それは、あるフィルターを通して見た一面にしか過ぎません。その背後には、実に多くの要素が、複雑に絡み合い、存在しています。

　校長には、休日だろうが夜中であろうが24時間、学校に関わる出来ごとの全責任が覆い被さってきます。でも、表に出せないことが沢山あるのです。　　　　　　　　　　　　　　　　　　　全責任

　これから、校長の仕事、校長職に就く前と後、Before & Afterについて、各年代に実践してきたこと、しておきたいことを、自ら

の経験を基に語っていきたいと思います。

　読んでくださった方が、少しでも共感してくださればと幸いです。

　　　　　　　　　　　　　　平成26年(2014)8月　角田元良

《表紙に寄せて》

　Before & After　を意識した表紙である。文京区の千駄木小学校長として、当時まだ珍しかったビジュアルな学校要覧を作った。図工専科の鈴木次郎先生の手になる表紙絵である。顔の絵は、Beforeの顔とAfterの顔である。22歳の新卒時代、図工専科の加藤充男先生が、尖った青年教師の私をクラスの子どもに描かせたもので、4年生の山本純君の作品である。もう一つは、長女直子が小学2年時に描いた父の顔である。Afterの顔は古希を迎え角が取れてきた私の老顔である。書中のカットと共に、次女の朋子の手によるものである。

　裏表紙は、教職の締めくくりとなった千代田区立麹町小学校・幼稚園の全景写真である。

　地下には、免震装置が設置され、可動床を備えた温水の25メートルプールがある。

　4階ガラス張りの窓の内側には、全校児童が会食できるランチルームが備わっている。

　屋上にはソーラーパネルと太陽光採光装置がある。屋上にソーラーパネルがあるのは今どき当たり前。太陽の動きに合わせて太陽をコンピュータで追尾する装置があるのは、全国公共施設では初めてである。幼稚園児の遊ぶ園庭が日陰になるのを防ぐために設置された、愛称「カガミー」と名付けられた巨大反射鏡で、ガラスの森に相応しい逸品である。

50代のキャリアアップ

人生は後半が面白い
ピンチをチャンスに変えるとき

1. 校長解任発令……………………………………………6
2. 管理職は突然の異動にどうするか……………………7
3. 教職キャリアプランを立てる…………………………9
4. タマケン所長の仕事……………………………………11
5. 多摩研消滅………………………………………………18
6. 学校現場復帰、再び校長職に…………………………21

1．校長解任発令

　小学校長として3度目の卒業式を終え、ホッとして席に着いた時、机上の電話が鳴った。「校長解任の辞令が出た」「何か知らないか」、と連絡と言うより、悲鳴に近い指導課長の声が飛び込んできた。「知らない。知る筈がないでしょ」と答えた。突然のことであり、「解任」という耳慣れない言葉に、「なぜか」という思いが先に立った。解任されるような心当たりはない。

　しかし、電話の向こうからは、こちらの思いには関係なく、後任の校長の名が告げられてきた。かつて隣の市の指導主事として一緒に仕事をしたこともある都立教育研究所の調査研究部長である。「私はどうなるのですか」と問うと「分からない」「本当に何も知らないのですか」と逆に問われた。「教育長さんはご存じないのですか」と聞き返しても「知らない」と冷たい返事であった。

　平成9年3月25日、53歳3か月の時であった。

　文京区立SN小学校は、2年後に創立90周年の式典を挙げることが決まっており、その準備も着々と進められていた。保護者・PTAはもちろん、地域町会の方々とも大変良好な関係を築いていたし、教職員ともすごくうまくいっていた。それなのになぜ。

　唯一気になることと言えば、数日前に給食調理員の異動が、校長の知らないうちに本人に伝えられていたことに対して、区教育委員

会の庶務課長に文句を言ったことぐらいである。だが、校長解任は東京都教育委員会命令だから関係ないはずだと思いながら、考えを巡らしたが、思い当たることは、他に、何もなかった。

指導課長も、区教育長も知らない、「校長解任」とは何か。考えても、考えても分からないことであった。しかし、後任が発令されている以上、その命に従い、片付けと異動準備をしなければならない。しかし、どこに行くのか分からないのでは、準備も出来ない。

卒業式が終わって、全教職員がそろって昼食をともにし、一年間の締めくくりをするのが学校の常である。その前に、来年度の教職員の人事異動の内示をし、新年度の一年生の担任を暫定的に発表した。他学年の発表がないことに、教職員は一瞬怪訝そうな顔をしたが、何の声も上がらなかった。むしろ一年間を無事に終了し、新年度を迎えられるという華やいだ雰囲気で盛り上がっていた。教職員の異動発表の後、「実は、先ほど突然"校長解任"という報告を受けました」、「私が、今後どうなるのか、分かりません」、「ただ、はっきりしていることは、後任の校長が、都立の教育研究所から来るということです」、「これはあくまでも内示ですので、外部には口外しないように」と伝えた。

卒業式後の明るい昼食会の場は、一瞬にして暗転。全員が砂を噛むような思いで昼食をとり、無言のうちに終わった。誰もが、何が起こったのか分からず、茫然としていた。涙を浮かべる教職員さえいた。皆、不安だったのであろう。

２．管理職は突然の異動にどうするか

管理職の異動は突然やってくる。教員の異動は、希望を聞き、様々な考慮の中で内示があり、決まっていく。大体順当なところに収まるのが普通である。しかし、管理職、特に校長の異動は、最後の最後になっての発表であり、内示と言いながらも覆ることは、めったにない。

そんな中での「校長解任」人事は、当時でも、全く異例なことであった。

結局、私の正式内示は、３月30日であった。都立の多摩教育研

管理職の異動と教諭の異動

究所長への異動であった。まさか、行政に出るとは予想だにしていなかったし、研究所長とは全く思いつきもしなかったことであった。

　教育行政への異動という行為が「校長解任」という表現に当たることを、後日知った。そういえば、学校から教育委員会指導室長になる時にも、都から区へ監督権者が代わるために「解任」という表現になる。しかし、この場合は、本人が出願書類を作成し、受験しているので、書類上「解任」という手続きをとってはいても、本人も了解しており、その言葉が表に出ることはない。

　長い人生の中で一番びっくりした「異動」であった。

　都の教員異動で、引っ越しをしなければいけないケースは、島嶼（とうしょ）発令でもない限りはない。しかし、昇任等で立場が変わる異動では、２時間近くかかる遠距離転勤がない訳ではない。

　多摩教育研究所は、東京都の西部、多摩地区の立川市にある。東京の東のはずれにある葛飾区の自宅からは、都心を通り越して、たっぷり２時間はかかる。

　冬は、星の瞬く中を飛び出し、深夜凍てつく道を帰ることになる。

　一般企業には、人工衛星人事というのがある。国外に異動することを指すそうである。教員の場合、道府県によっては、都市から山間部、僻地へ、小学校から中学校へといったクロス人事なるものがあり、家族が離れ離れになることもあるそうだ。東京都では、伊豆諸島、小笠原諸島の島嶼への異動以外にはない。

　この異動は、全く想定の中にはなかった。考えたこともなかった。

　かつて、指導主事を目指していた若い頃は、都立の教育研究所に行きたい、という夢はあったが、50歳を過ぎては、全くの想定外。かつて研究所を１回も経験したことのない人間が、研究所の所長になっても務まるのか。この目で見たり経験したりしてないことは、教えられないのでは、と不安で一杯だった。

　しかし、何事にも、初めてのことはあるのである。

　南極越冬隊の初代隊長となった西堀栄三郎さんは、「初めては必ず一回ある。初めてがなければ２回目はない」と仰って、敢然と南極に行かれ、１年間、彼の地で生活し、立派な成果を挙げられた。私は、校長職をゴールと定めて、突き進み、これからも続けよう

［多摩研へ］

［西堀栄三郎］

勝手に思っていたのである。

　かつて、私が45歳の時に、多摩教育事務所のOG指導課長が仰っていたことを思い出す。「45歳はターニングポイントだよ」、「あと15年あるということは色々な可能性があるということだ」と、その言葉が、今、この時になって甦ってきた。しかし、腑に落ちてはこなかった。

3．教職キャリアプランを立てる

　教職のキャリアプランとは、異動のこともあるが、もっと広く、もう少し長い時間の教職人生を考え、自分なりの設計図を書くことだと思っている。

　しかし、「校長解任」のように、その設計図が変わることも、もちろんある。

　そうなったら、その現実を踏まえて、また計画を立て直せばいい。

教職の設計図

　要は、自分がどういう教職生活を送りたいか、少し先の目標をもつということである。結論から言えば、60歳のゴールを、どの立場でいるか、校長に置くのか、生涯教師を貫くのか。途中をどう過ごすのか。漠然とでもよいから、大まかな設計図を書くことが大事だと思っている。

　とはいうものの、新卒の人や、子育て真っ最中の人にとって、設計図を書くことは、そんな易しいことではない。かく言う私自身も、なかなかプランを立てられなかった。先輩から教えられたこともなかった。だから、今振り返ると、行き当たりばったりの思いつきで、他人任せの教職人生に近かったように思う。

　だからこそ、反省を込めて、自分でプランを引くことが大切なのだと思っている。たとえ、変更の多いプランであっても、である。

　子どもたちには、自らの進路をイメージさせる指導をする立場にある人間が、自分のプランをもたないというのは、決して褒められたことではない。大まかなものでよい。その上で、5年から10年位のスパンで、少し精度のよいプランを作り変えていけばよいのである。管理職を目指すとすれば、主任・主幹・副校長というような教員系列だけで行くのか、教育行政に足を踏み入れるのか。

生涯教員を通すなら、プロ教師たる指導教諭を目指すかどうか。だとすれば、大学・大学院派遣とか教職大学院で学ぶ道も考えておく必要がある。

　しっかりした研究会や教育関係の学会に所属し研究を続けることもよい。自分や家族の健康・介護、その他、予期せぬことも出てこようが、人生のロードマップを作ってみることが、教師として生きていくことの張りになる筈だ。

　教職キャリアプランは、本人もさることながら、校長を始めとする管理職が、教職員一人一人のプランを斟酌し、配慮してあげることも大事である。人事考課のヒアリングの際に、本人の意識を高めたり、刺激したりして、自覚を促していくことが求められる。

　校長に訊かれることにより、本人に新たな意識が芽生え、自覚へと発展する。それぞれに生き方があり、向き不向きもあるので強制するのではなく、管理職から見た本人の特性・持ち味をサラリと述べ、目標を示唆していくことは、本人にとってだけではなく、学校経営の視点からも重要なことであり、管理職の重大な仕事と考えるべきである。キャリアプランを立てることにより、自分が、何をいつからすべきか、見えてくる筈である。

　そして今、70歳になって言えることは、自分の教職プランを60歳にするのではなく、70歳、80歳にまで延ばして考えることが必要だということである。教職プランは、取りも直さず人生プランであるからだ。

教職プランは人生プラン

　60歳で辞めるのか、65歳まで教職を続けるのか。また、60歳を契機に外の世界に飛び出すのか、である。それを決めるのは自分である。

　今までの教職人生では、もしかすると、誰か世話焼きがいて、手を差し延べてくれたかもしれない。しかし、60歳からは完全に自分の判断である。その先のための準備を、いつから始めたらよいのか、誰も教えてはくれない。

50歳は転職の好機

　過日、新幹線の中の背持たれに入っていた雑誌をめくっていた時、「50歳からの転職」という記事が目に止まった。「50歳は転職のチャンスだ」、今までの職場で培った、「技術」と「人間関係」がある。

「体力」も十分ある。その時こそが、転職を実行するに、最高の年齢である、と書いてあった。
　「人生は後半が面白い」という言葉を、旅のさなかに目にした。
　これからはそういう時代である。それを決めるのは、他ならぬ自分である。

4．タマケン所長の仕事

　平成10年4月、タマケンこと多摩教育研究所の所長に着任した。文京区のSN小学校長として3年が終わったときであった。卒業式を済ませた直後「校長解任」というショッキングな言葉を聞き、次に着任する新校長の名が告げられた。その4、5日あとに異動先が知らされたことは、前に書いた通りである。

　教員として17年、多摩地区にあるT市や都の指導行政に11年携わり、校長として3年が終わる時の「青天の霹靂」の人事異動であった。

多摩研の組織
　心構えもない中での発令に、何を準備すべきか、全く見当もつかなかった。研究所勤務は指導主事を志したときからの夢ではあったが、まさか50歳を過ぎて、所長として赴任するとは、夢にも思ってなかっただけに、着任前の短い期間、思い悩んだものであった。しかし、当たって砕けろ、任命したのは東京都教育委員会だ。責任は都教委にある、と開き直って着任した。

　行政というのは、しっかりした組織である。4月1日に本庁で辞令を受け取り、午後になって研究所に登庁すると、新年度の計画は完璧に出来上がっていた。2名の統括と10名の指導主事がおり、6名の臨床心理士・教育相談員、次長・係長等、11名の事務係がいて、所長が何もしなくても整然と組織的に事業は進行していく。2日かけて事業内容の聞き取りをしたが、所長の仕事は、文書の決裁と月1回の本庁との連絡会ぐらいである、と聞きホッと胸をなでおろした。

挨拶
　ところがどっこい、挨拶、挨拶の連続である。挨拶の多さには、正直参った。所内の会合での挨拶はいいとして、初対面の地区教育長会や、校長会での挨拶には苦悩した。それ以上に大変だったのは、校内研究会や隔遠地や離島などの研究協議会に、研究所長として出

かけ、現下の教育課題について講演をする依頼が舞い込んでくることであった。本務であるこれには、ほとほと困った。

　研究者としての蓄積や、研究所の抱える課題、多摩地区の学校が抱える課題に関する理解の乏しさを、この時ほど痛感したことはない。私が話せることは、小学校長としての経験から、現代教育の課題の一部を語れるだけであった。

　学校現場での課題は何か、その解決策を考え、語るしかなかった。あくまでも、現場感覚で、易しい言葉で語ることにした。いや、それしか自分には出来ないと達観した、というより諦観に近い思いであった。

　時あたかも、平成10年度は、「総合的な学習の時間」を目玉とする新しい学習指導要領がスタートした時であった。前年度までに前所長の力で「先導的試行としての総合的な学習の時間」という事例集が出来ていた。

先導的試行

　しかし、実際にスタートしてみると、学校間の温度差は予想以上に大きく、事例集を見たこともない学校もあったほどである。だから、文京区で校長として実践してきたことを基に、多摩研が試行してきた「総合的な学習の時間」の教材開発と実践を核に、多摩地区の実態を踏まえ、現場感覚での発信に努めた。

　かえってそのことが、功を奏した感じであった。学校現場での実践を通して得た経験的な研究が、何をどう取り上げたらよいのか、どこが難しいのか、よく分かったと、予想外に好評でほっと胸をなで下ろしたものであった。面白いもので、回を重ねるうちに、ささやかな見通しがもてるようになってきた。

　一番困ったのは、多摩教育研究所で発行している所報の原稿である。着任からしばらくした、4月の下旬に頼まれた。歴代の所長の書いた文を読むと、みなアカデミックである。格調高い一大論文の様相を呈していた。我が国の教育の在るべき姿であったり、教育課題に対する指針であったり。

　どうしたらよいか、悩んだ末、締め切り期日ギリギリになって、それこそ、清水の舞台から飛び降りるつもりでひねり出したのが、以下の文である。

(1) 東京都立多摩教育研究所　所報

平成10年度第1号　6月発行

笑顔で「ありがとうございます」の効用

　あるファストフードの会社には、ハンバーガーを焼く時間は勿論のこと、お客さんとの対応の仕方について、25,000ものノウハウがあり一つ一つ細かなことがマニュアル化されているそうである。例えば、全国どこの店でもカウンターの高さは72センチと決まっている。それが、お客さんがポケットから、お金を一番出しやすい高さだからだそうだ。パンの厚さは、17ミリ。口に入れた時に、最もおいしい、と感じる厚さだというのである。カウンターの中にいる店員は、客からハンバーグの注文を受けると、「必ず大きな声で、『ありがとうございます』と言うこと」になっている。

　まあ、この辺までは、今までの体験から、誰しも推測できるマニュアルで、分かる気がするが、驚いたのは次のことである。「ありがとうございます」と言ってから3秒以内にすかさず、「コーラはいかがですか？」と尋ねることになっているという。ここが、すごいと言うか、さすが、と思ったのである。大抵の客は無抵抗に「ハイ」と答える、と言う。

　この会社の社長さんの人間心理分析によれば、日本人は、「ありがとうございます」と言われると、しびれるそうである。一瞬、恍惚状態になって、3秒間ぐらい、催眠状態に陥る。この「間」が大事なのだ。

　間髪を入れずに、飲み物を勧められると、無批判に受け入れてしまうのだそうである。そういえば、と思い当たる人も多いのではないだろうか。

　こんなマニュアルがあれば、誰でもうまく商売が出来る筈だ。大したマニュアルを作ったものだ、と感心した。

　しかし、だからと言って同じマニュアルに従って同じようにお客さんと対応していれば何処でもうまく行くかというと、そうはいかないと言うから不思議である。店の位置とか、近隣の学校の種別、街の雰囲気や年齢構成といった立地条件が異なることによる売上げ

の違いのあることは想像に難くないところである。
　ところが、同じ店でも、店員によって売上げに違いが出るという。客は、店に入って、一瞬のうちに、店員をえり分けている。あるいは、ある種の店員に、吸い寄せられるように集まっていく、というのである。
　客が、一瞬にしてえり分け、吸い寄せられる店員とは、どんな店員なのであろうか。それは、マニュアルを越えた人間味のある"人"であると言う。

> マニュアルを越えた人間

　確かに、マニュアルには、「ここで、ありがとうございます、と言いなさい」と書いてあっても、発音の仕方や、声の強さ、イントネーションまでは書いていません。「ここで、笑いなさい」とは書いてあっても、笑い方までマニュアルは教えてくれません。笑い方、表情、声の出し方、動きの滑らかさや優しさ、的確さ、これら全てをマニュアルで、律しきることは不可能なのです。
　その人の持っている個性が、あるいは、生き方や考え方が、その人の持ち味であり、人間味なのですが、それを自らの工夫によって、引き立たせている店員が、売上げを伸ばしていくのだ、と思います。
　子どもが、引き寄せられる学校、それは子どもの持ち味を、うまく引き出していく先生がいるということでしょう。そういう先生や学校づくりを支援できる多摩教育研究所になれるよう、より一層の努力をしてまいります。今年度も、どうぞ、よろしくお願いいたします。どうもありがとうございます。
　（３秒以内に、ニッコリ笑って）カフェテリア研修はいかがですか。

(2)　難しいことを易しく、易しいことを楽しく伝える

　研究所の所報と言えば、大体が堅苦しく、難しいことを書き並べるべきもの、と思っていた。だから、こんな文章でよいのか随分悩んだものである。しかし自分自身、教員時代も含めて、見出しを見る程度で、積ン読ことが多かった。
　ところが、この所報が予想外に好評であった。
　ある校長さんから「今まで、所報の巻頭言を最後まで読んだことはなかったけど、これは面白いと思って教職員全員に印刷して配っ

た」とか、ある教育委員会指導室からは「教育相談の研修に使った」とか、果ては、「このごろ『ありがとうございます。○○はいかがですか』と言う文句が流行っている」という便りを聞くに至って、その意外な反応に嬉しくなってしまった。

「難しいことを易しく、易しいことを楽しく」伝えることは、小学校教師の務めである。

いや、大学もそうだし、全ての教育機関の指導者がそうあるべきだ。それが情報を提示するときの基本だ。と常々思ってはいたが、結果オーライ。

> カタカナ言葉

案外、キャリア教育とか、ライフプランなどと言うカタカナ言葉は、もう少し誰にでも分かる言葉にする努力が必要なのではないかと、考えさせられた。

そして、難しいことを易しく、易しいことを楽しく伝えることを、多くの人が求めていることを知り、少し自信を得たものであった。

同時に、易しいことを難しく、楽しいことを堅苦しく話した文が、如何に多いか。読み手の対象にもよるが、その方が箔が付くというのが、現代社会かもしれない、と思ったりもした。

この軽い文に、味を占めたわけではないが、翌年度の所報に、次(3)のようなものを書いた。

(3)　多摩教育研究所　所報第2弾

平成11年度第1号　6月発行

床屋さんのカウンセリングマインド　パートⅡ

都立多摩教育研究所長　角田　元良

30年来通っている床屋さんのマスターは、学生時代に野球の選手だったというだけに、60歳に近くなっている筈なのに堂々とした体躯の持ち主である。熟年になって、お腹に少し脂肪が付いてきてはいるが、180センチを越す長身で、ゴルフ焼けした逞しい腕の指先に力を込めてする、調髪や洗髪は繊細でしかも力強く、客は、天にも昇る心地になる。

昭和59年に多摩地区の教育委員会指導主事に着任したばかりの私は、中学生による校舎破壊や暴力行為等の問題行動の対応に疲

れ果て、月に一度行く床屋の椅子に身を任せ、居眠りするのが最高の気分転換であった。

マスターは、その時の私の心や体の状況に合わせ、黙ってハサミを動かし、いつも丁寧にマッサージしてくれた。肩を揉み、首を回しながら凝りをほぐす。ボキボキした音が段々としなくなる。

たまに、私が元気な時は適度な話題を投げかけてくる。気が付くと、いつの間にか、私が話し手になっている。客の心理を見抜いた応対は、絶妙な職人芸である、とその頃在任していた市の相談室報に「床屋さんのカウンセリングマインド」を書いた。

職人芸

だから今回が、パートⅡなのである。

そのマスターに一人息子がいる。当時、小学3・4年の腕白盛りで、リトルリーグに参加する親譲りの野球少年であった。時たま出会う少年はクリクリ頭で真っ黒に日焼けした顔に、キラキラ光る目をしていた。「親に似て、勉強しなくて」と、こぼすマスターだったが、満更でもないといった親父の顔であった。

その息子が店に帰ってきた。高校卒業後、フリーターをしていたが、アメリカ旅行をきっかけに、理容の専門学校に通い、六本木の、何とか言う、洒落たヘア・サロンに住み込み、3年床屋の修行をしてきたという。

年季が明けて両親の店に戻ってきたのである。髪を洗う指先にしっかり力が入っていて心地よい。ヒゲを剃る技は親父には及ばないが、頼もしい青年に育った。

二度目に遇った時、いい気持ちで寝込んでいたら、顔に、たっぷりとクリームを塗ってきた。何が始まるのか一瞬ドキンとしたが、任せていると、丁寧に滑らかなマッサージが始まった。叩くような、撫でるような感触、それは初めての快さであった。エステだと言う。女性のエステサロンが人気であると聞いていたが、その秘密が解けた感じがした。

「先生、10歳位肌が若返りましたよ」と真顔で言われた。顔を撫でると、ツルツルとして肌に張りが出ていた。その遣り取りを見ているマスターは、満足げであった。

三回目の時、「先生、髪の型を変えてみませんか」と言われた。

30年以上慣れ親しんでいる髪型を変えるには勇気がいるが、教え子に言われたような気がして、「何かあるかなあ」と言うと、写真入りの雑誌を持ってきて、「これはどうですか」と指差した。そこには、実年の渋い俳優の顔があった。「似合うかなあ」「任せておいてください」とは言わなかったが、何となくその気にさせられて、心配しながらも、快い眠りに落ちながら彼の技に委ねた。

職人の手さばきで、櫛が動き、リズミカルなハサミの音が響く。任せ切れる技である。病み付きになったエステが終わり、ゆっくりと椅子が起き上がる。整髪が終わった時、鏡の中に少し疲れた実年の男の顔があった。『写真のような訳にはいかないなあ』と思った瞬間、「先生、前よりずっといいですよ。」と言われてその気にならされて仕舞った。かわいい子には旅をさせろ。親は子の鑑。子は親の鏡。親から子に受け継がれた職人の技である。

---

(4) 伝統の継続と世代交代

私の通っている床屋さんでは、スムーズに世代交代が進んだ。

今、世代交代の難しさが、どこの企業でも大きな課題となっているという。特に、中小企業や第一次産業で次代を担うリーダーのいないことが悩みの種になっているのだそうだ。

それだけでなく最近は、大企業でも、最大課題は、リーダーの育成だと聞く。日米の有数な企業でも、優秀なリーダーとは、次代を託すリーダーを如何に育てるか、発掘できるかであり、それが、最大の課題だ、としている。

今、学校も同じ課題を抱えている。しかし、学校で出来ることは限りがある。木を育てるのは30年、人を育てるには50年、人材育成には、より長い時間がかかる。戦後の団塊世代の大量退職時代。若手教員の大量採用で、学校は手一杯である。しかし、あと10年もすると小学校教員の採用はパタッと止まる。

文部科学省を初め、教育行政の担当者は、教員採用・育成計画を長期的展望に立ち、じっくり考え、適切な手を打つことが求められる。処遇改善はもちろんだが、教職員定数の改善を、本腰を入れて

次世代リーダーを発掘し育てる

推進することが求められる。

政治家は、制度を変えたがる。教職員免許状の更新制や教職大学院の設置、学校週5日制の実施など。今は、子ども子育て新システム、女性活用である。

制度をいじったからといって、人材がすぐ育成できたり、学力がすぐ向上したりするものではない。先を見通した制度設計を願いたいものである。

今、教育再生実行本部からの提言、それを愚直に受けた教育再生実行会議。その提言を追認する中央教育審議会。という構図が出来つつあるように感じる。

この構図の定着は心配である。かつてあれだけ議論し、危惧された学校週5日制が完全実施され20年経った今、学力向上の号令の下、土曜授業と名称を変えて、覆されそうになっている。政治家は法律をつくることが仕事だと言えばそれまでだが、制度をいじれば解決するというものではない。教育は未来への投資である、との考えの下に、計画的に条件整備し、せめてOECDの平均に、近づける位はして欲しいものである。

教育者は、とても政治家にはなれない（なろうとも思わない）が、この頃の拙速な動きは、何とかしなければいけないと思う。そんな声が教育会で囁かれることはあっても、大きな強い声にはならない。教育専門家は、教育の域を出られないのか。

5．多摩研消滅

東京都の西部に区部以上の広さをもつ市部がある。総称して多摩地区と言う。千代田・中央・港などの23区は有名であるが、東京都に26の市と、伊豆七島を始めとして小笠原諸島を含む島嶼があることを知る人は、意外と少ない。

市部の面積は23区の面積の3倍くらいある。独立した行政区分として、市長は都知事並みの権限を持っており、その比重は、区部以上で、ある意味強い存在感のある地域である。しかし、幾つかの市を除いては、ほとんど、面積が狭く財政力も乏しいので、市政の運営には苦労が多いのが実情である。

その市部の首長・教育長の願いは、23区並みの水準のある教育力を持つことであった。そのためには、なんとしても都立の教育研究所の設立が望まれたのである。昭和62年（1987）、多摩地区各市町村長会・教育長会が望んでいた東京都の研究機関である都立多摩教育研究所が立川市に完成し、開所したのである。

通称、多摩研（タマケン）と呼ばれ親しまれた存在であった。その特色は、多摩地区の地形や歴史・文化を題材とする資料・教材が、各市の教師の手によって作られ、カフェテリア研修と銘打って地域の学校に活用されたことにあった。

カフェテリア研修

多摩研は、指導主事と心理職と事務方を入れて30名程の家庭的な雰囲気も特徴の一つであった。同じ建物に入っている多摩教育事務所と違って、人事監督や指導監督の権限がないだけに多摩地区の教員にとって、親しみやすい存在であった。

そこにカフェテリア研修と言う研修システムがあった。このカフェテリア研修は、ネーミングがよい。ちょっとコーヒーでも飲みに寄ってみようかという感じで、気軽に使うことができる雰囲気をもった場であった。個人でもグループでも、学校の校内研修をやることもできる、弾力的な研修の場であった。

地域教材の開発

毎年、地域教材開発委員が各地区から数名推薦され、新しい地域教材の開発に取り組んでいた。それは、多摩地区の中堅教員の育成の場としても、大いに役立つものであった。教材開発を通して地域の隠れた素材を教材化出来た。だから、自分の学校という枠を超えた教材も開発され、教材の発表会には、多くの参会者が来たものであった。その教材は、研究所の教材ボックスに大切に保管され、一般に供せられた。その他にもフィルムライブラリーがあり、NHK教育テレビを絶えず録画し、その缶詰的利用も可能であった。

しかし、全く残念なことに、私が去った2年後に、国・都の政策転換により研究所が廃止され、行政の政策課題の研修を主とする機関へと変身することになってしまった。その施策により、本家とも兄ともいうべき東京都立教育研究所が廃止され、多摩教育研究所も消滅してしまった。貴重な地域開発教材・資料も行方知れずの状態となった。断腸の思いである。

その代替として新しく立派な建物が文京区に建てられた。それが、東京都立教職員研修センターである。研修センターは、教員が研修するために、絶対に必要な機関である。しかし、研究があってこそ、学校現場に役立つ研修が出来るというのが私の考えであり、当時の多摩教育研究所及び多摩地区教育長の総意であった、と思っている。全く残念なことである。せめて多摩地区各市やブロックで教育研究の基盤が整備されるまで、待ってほしいと懇願したが、冷酷な判定が下された。

当時、多摩研へ全国各地の研究所から視察があった。幾つかの県では、カフェテリア研修の試みが取り入れられ、今もって生き続けている所がある。

そこでは、「総合的な学習の時間」の参考資料として、地域教材の開発が継続されていると聞き、懐かしさと嬉しさを感じた。

近年、どこの府県に行っても、立派な宿泊施設のある研修所が出来ている。しかし、活動は、必ずしも盛んとはいえない。折角宿泊施設があっても、堅苦しい規則のある施設は敬遠され、少し高くても自由で快適なシティーホテルのシングルルームに泊まり、車で通ってくる研修生がほとんどだという。また、指導主事が、事務的なことに追われ、講師手配業になっている所さえあると聞く。

国際化の進行する今、足腰の強い教員を育てていかないと、日本の優れた初等中等教育は「砂上の楼閣」となり、子どもに「生きる力」を育てるべき教師がいなくなってしまうのではないか、と恐れるものである。

なぜなら、その礎は、力量のある指導主事と、それを受け継ぐ資質と情熱をもった若い教師だからである。

多くのやる気のある教師が、都研や多摩研で育ち、巣立って、今、東京都や多摩地区を支える一大パワーを発揮している。研究所は、まさに教師の夢を実現し、成長させる「初めの一歩」の施設であったと思っている。

先にも述べたが、研修は大切である。しかし、研究と研修は表裏一体のもので、研修だけでは行き詰ってしまう。研究は大学で、研修は各地域で、という役割分担は、一見もっともらしく思えるが、

実践と理論を乖離させてしまう恐れがある。

教材の開発

地域の実態に裏打ちされた教材の開発は、研究の生命線であり、学校の頼みの綱である。それにより人材も育っていく。大学院で学び、一ランク上の免許状や専門免許状の取得も結構だが、果たしてそれがどれだけ現場で役立ち、子どもたちが喜ぶ教師や学校経営者を育成することが出来るだろうか。

身近な研究機関で地域に役立つ研究が、教員の日々の実践の中から育まれ、ユニークな教材研究・開発が広まることにより、世界をリードし、貢献出来る日本人を育てることになると思う。もっと日本の伝統的な教育に自信をもつべきである。

OJT

校内研修でのOJTや教育委員会による様々な研修会が企画されているが、現場に密着した血の通った研修でないと、効果を発揮することは少ない。

世代交代の円滑な移行は、長期的な見通しに基づいた、具体的な研究が必要であり、更に、モデルとなる魅力的な指導者の存在が必要である。

6．学校現場復帰、再び校長職に

多摩研所長の任期は、2年間が通例である。うかつにもそれを、私は知らなかった。再び、異動することになった。退職して小学校以外の場所に行くという選択肢もあったのかもしれないが、全く、考えもしなかった。再び子どもたちの声の聞こえるところに早く行きたい。それだけが望みであった。

引継ぎ

平成12年3月31日に新しい学校への引き継ぎが決まった。

東京都の行政番号1番の学校。千代田区立麹町小学校であった。

赴任校へ心躍らせ出かけた。しかし、校舎の中には何もない。机も戸棚も何もない。廃屋のような校舎での引き継ぎであった。校舎の建て替えで、3年後にこの場所に戻る、と前任のNK校長先生は淡々と話し、廃屋と化した無人の校舎を案内してくれた。「卒業生が来た時、前の校舎がどうなっていたかを知っていた方がよいから」との、細やかな配慮であった。しかし、校舎の記憶は、何も残らなかった。やはり子どものいない校舎は、建物ではあっても、校

舎ではない。記憶に残っているのは、校庭にあった桜の大木の顛末と朝礼台と石垣の話であった。存命運動の起こった桜は、中が腐っていて樹木医に手当てしてもらっても、樹命とのことで、モニュメントとして一部分を長椅子にすること。朝礼台の敷石は、新校舎正門下に敷きつめられること、江戸時代から続くシンボルの石垣は、東京大空襲で熱せられ、脆くなっているため、新しい石で石垣を作り、前のものは背の低い堰として使うこと。この話は、案の定、後で年配の卒業生に聞かれ、役に立った。

4月からは、適正配置のために廃校となった旧永田町小学校の校舎に入った。すごい場所にある。校庭の先に国会議事堂と総理大臣官邸があり、自由民主党の本部を正面に、衆参議長公邸を眼下に見下ろす高台にある。毎日、24時間、警察官が見張りに立つ。子どもたちを見守るためではない。議長公邸や自民党本部を守るために、全国から駆り集められた警察官である。だから、道を聞いても全く分からない。業務の対象が、普通の地域の警察官とは全く違っているのである。

永田町校舎

永田町校舎は、古いが、とにかく施設が整っていた。体育館と講堂が別になっている。1階に体育館があり、その上の階にある講堂は階段状で、児童全員が座れる椅子が500席も備わっている。かつて、自民党が党大会をしたこともあるという立派な講堂で、4階には100席ぐらいのギャラリーまである。朝礼は、いつも指定席である。入学式・卒業式も椅子の出し入れは全く必要ない。

体育館と講堂

観光バスのガイドさんが、「ここは、日本の真ん中にある学校です」と国会見学に訪れる修学旅行や遠足の児童生徒に紹介し、みん

ながら、窓から一斉に校舎を見て行く。

　建設当時は、地下にパン焼き施設があり、日本で最初の給食を、手作りパンで実施して、海外からの視察が絶えなかったと、校史に記録されている学校である。戦前のことである。朝からパンを焼く香りが校舎中に広がっていて、それがもとでパン屋さんになったという卒業生もいるほどである。

　それだけではない。卒業生には、元文部大臣がいて、「廃校になった学校から子どもたちが出てきているがどうしてか」、と文部科学省に問い合わせがあり、係をあわてさせ、区の教育委員会に問い合わせがあったという。笑い話にもならない。

　その校舎で、3年間を無事に過ごしたが、伝統のある校舎だけに気を使った。同窓会から、樹木を切らない、児童の卒業作品には一切触れないこと、と。

　着任した麹町小学校も、児童の祖父に総理大臣経験者が2名在籍しており、運動会や展覧会にSP付で来られ、「孫がお世話になっております」と頭を下げられ慌てたことがあった。そのうちの一人は、かつて文部大臣経験者であった。議員や議員秘書などが各クラスに何人もおり、弁護士、医者、法律関係の保護者等々、ハイレベルの人間模様であった。

　3年後の平成15年4月、麹町の新校舎に移った。全館冷暖房、地下に可動床式温水プール、4階に児童全員が入れるランチルームが備わった凄い校舎である。

　「中味で勝負」を合言葉に、教育内容・方法の充実、児童の思考力・表現力の育成に力を注いだ。既存の学校教授システム改造を訴え、教育改革の先陣を務めた。低学年のTT、中学年は少人数指導、高学年教科担任制、午前5時間授業、時間割集中管理、ノーチャイム制等の新システムを推進した。その年、全国の小学校長会長となり、校長としての激動の終着時期を迎えた。

　校長解任宣告から5年、ピンチの連続だが、充実した教職生活である。

　「人生は後半が面白い」。50代は、まさにその始まりである。

《コメント》

　さて、長々と激動の50代を書いてしまった。こんな50代を過ごした人間が、大学を卒業したての20代の教員時代は、どんな思いで教職に就いていたのか、子どもとの関わりはどうだったのか、これから、一挙に20代にさかのぼった後、30代、40代の教職時代を、振り返ってみることにする。

　それぞれの年代に実践してきたことが、若い先生達のキャリアアップの参考になればありがたい。そして、人生の進路決定を自分で出来る時を迎える、定年退職後の60代以降を、引き続いて記述していきたい。これから教職生活を送る方針を立てる際の、参考にしていただければ幸いである。　　　（平成26年(2014)10月15日　記）

20代のキャリアアップ

駆けだし教師は子どもの声を聴け

1．子どもの声を聴き記録にとどめる　初めて活字になった印刷物… 25
2．賑やかな学級に悩み抜く　初めての学級担任………………… 26
3．自分の専門の教科等を学ぶ　一人一人の子どもを見抜く眼……… 27
4．教職の夢を拡げる　初めての座談会収録……………………… 30
5．がむしゃらに突き進む　夏期研修会…………………………… 31
6．分からない子の気持ちが分かる　NSF'70での生活と授業……… 34
7．表現力を付ける　アメリカの理数科プロジェクトと教員の研修… 37
8．人との関わり　井口先生とのこと……………………………… 38

1．子どもの声を聴き記録にとどめる

初めて活字になった印刷物

　手元に、昭和44年3月1日発行の「とうきょうの理科教育」という8ページ立ての小冊子がある。ある出版社の研究所から出されたものである。その最後のページに「読者の広場」というコーナーがあり、そこに4人の教師の理科教育に関する感想が載っている。その一人が私で、その原稿が、実は私の初めて活字となった思い出深いものである。自分の書いたことばが活字となり、多くの人の目に触れるというのは、今の時代には想像もつかないほど稀少で、感慨深いものだったのである。書いたことが活字になったことに、嬉しさと同時に責任の重さを痛烈に感じたものであった。その思いは鮮烈で、現今のパソコン印刷が当たり前の世には、想像もできないことである。

　現代は、誰もがきれいな活字の文章を手軽に印刷できる。ガリ版世代の私たちにとっては、それがたとえ薄っぺらな冊子であっても、心躍ったものである。パソコン印刷の時代になった現代でも、若い人に、そういう心躍る場を提供していくことが、前世代の人間の役割であると感じている。今、赤茶色に変色した冊子を見るとき、当時、悪戦苦闘していた場面が、子どもたちの声や表情が、昨日のこ

（欄外）初めての活字

とのように鮮明に思い出されてくるのである。その文を掲げる。

初めての活字　「食塩に"×"をつけた神様の創造力」

「初めに入れた食塩の粒より大きいのも小さいのもあるよ。どうしてかなー」。食塩水を自然蒸発させた結晶を観察している子どもの声である。「おかしいよね。初めの粒より大きくなるなんて」。そのうちA君が、「大きな粒には、×がついているよ」と言い出した。

みんなも「ついてる。ついてる」「どうしてだろう」とまた新たな疑問に首をひねる。「もしかすると、神様がテストをして、みんな間違ったから×をつけられたのかもしれないよ。」とひょうきん者のY君がみんなを笑わせた。

「×のように見えるけど、ルーペでよく見ると立方体がいくつも集まっていて、その頂点が×のように見えているよ」とJ君。「あ、そうか」O君が大声で叫んだ。「大きな粒は立体がいくつも集まっているでしょ。その中にまだ水が閉じ込められているんじゃないかな」。K君が大きな粒を割って、「水なんか出てこないよ」とやり返した。そして、「一つの小さな粒ができると、その粒の上から粒が重なってできてきて、大きくなったんだと思います」と言った。

子どもたちのやり取りを黙って聞いていた私は、学生時代の結晶成長の研究を思い浮かべ、子供の創造力の逞しさに感じ入ったものであった。

（昭和44.1月　記）

２．賑やかな学級に悩み抜く　初めての学級担任

昭和42年4月、葛飾区立中青戸小学校の4年生の学級担任として教員のスタートを切った。かわいい子どもたちではあるが、賑やかな教室で、児童の発言が多すぎて予定通りに授業は進まない。一人の発言を聞いていると、他の子が大声を出したり立ち歩いたりで、静かにならず、クラスがまとまらず、ほとほと手を焼いたものであった。見かねた40代の学年主任のK先生が授業を変わってしてく

静まらぬ学級

れた。すると、面白いようにポンポンといい意見が出て、みんなの考えがまとまって、スムースにねらいに向かって進んでいった。

　自分は、教師に向いてないのではないか。あんなになりたかったはずの職業に就いたのに、子どもは全く言うことを聞いてくれない。本当に参って眠れぬ夜を過ごしたり、寝言で子どもの名を呼んだりしたことも、1度や2度ではなかった。教育月刊誌を読み、子どもたちの注意を惹くために様々なことを試みた。手品やフラッシュカードを学んだりもした。しかし、一寸は効くが、どれもイントロ程度しか役立たなかった。やはり授業力だ。授業力がなければダメだ、と気付くのに一学期間がかかった。

3．自分の専門の教科等を学ぶ　一人一人の子どもを見抜く眼

　葛飾区教育委員会に呼ばれて面接試問を受けた時、「あなたの信条は、何ですか。」と問われ、即座に「はい、一人一人の子どもを大切にすることです。」「教師は芸術家だと思っています。芸術家は新しい作品を創造しますが、教師は一人一人の子どもを創り上げます。それが本当の芸術家だと思うからです。」と答えていた。その面接官は、「素晴らしい。あなたのような人に教師になってもらいたい」と大賛辞を惜しまなかった。

進まぬ授業

　なのに、何たることか。授業はうまくいかず、クラスはまとまらず、自分の力のなさに思い悩む日々であった。

　その頃は、昭和46年度から始まる新小学校学習指導要領の移行措置が始まるところであった。厳密にいえば、昭和44年4月1日から移行が始まるのだが、少しずつ情報が伝わっていた頃である。まだインターネットどころかパソコンもワープロさえもなかった、いや、もしかすると世の中に存在していなかったのかもしれない時代である。

　学校教育のあらゆる情報源は、文部省（現：文部科学省）の次官通達を教育専門誌から得るか、教科書会社が発行する資料から得るのみであった。だから夏休みの教科研究会の公開講座での文部省教科調査官の講話は、唯一の現在進行形の新鮮な情報であり、研修会はどこも満員の盛況で、活気に満ちていた。そこからもたらされる

情報を基に、理科仲間が集まって新しい教材が研究され、教材解釈や指導法の工夫をするという時期であった。

　世はまさに科学・理科教育全盛。教育の現代化の時代である。各地に科学教育センターが設けられ、「科学の方法」とは何か、どうしたら身に付けられるのかと。

　どこの研究会もその話で持ちきりであった。

　モンシロチョウに卵を産ませ、羽化する瞬間を授業で見せる研究文献を漁って見つけ実践してみたり、ショウジョウバエを大量に発生させる方法を工夫し、その変態の様子を観察する装置を開発したりした。ニワトリの卵から雛になる過程を詳しく調べる「卵の発生」が授業に入って来たのも、この頃である。

　孵化寸前の卵を割ることに関して、生命の誕生を阻止してよいのか、『命』について激しく議論した時でもあった。新しい教材は、生物分野だけでなく、物理・化学や天体・地学の分野にもあり、各地で実技研修会が盛んに開かれた。私は新卒ながら、大学で理科を専攻していたこともあって、実技研修会のお手伝いをさせていただきながら、必死で勉強したものであった。理科好きの先生方は皆、新しい教材の研究に明け暮れ、夜遅くまで指導観や教材観を議論し、専門教科を学び、深めていった。

　それほど理科教育に熱中していながら、前述のごとく授業は全くうまくいかなかった。それでも、少しずつ授業らしくなってきたし、有難いことに保護者は、文句をつけるどころか、「若い先生にもってもらって」との声ばかりであった。もっとも、その裏で校長先生や教頭先生が、ご苦労され、苦情を処理されていたのかもしれない。

　一学級の人数が50人を超える時代のことである。

　一人一人の子どもを理解するには、どうしたらできるのか、夏休みの終わる頃、職員室にいらした教頭先生に聞いたことがあった。その時の教頭さんは、後に葛飾区立清和小学校の校長さんになられ、数年後、移動教室で日光に行かれ天候不順の下、心労がたまり、脳梗塞で倒れてしまった。子ども思いの、優しい目の先生であった。山下覚教頭先生である。

　山下教頭先生は、親身に話を聞いてくださり、「僕も若い頃に、

さんざん悩んだものでした。」と仰って、子どもを理解する方策を授けてくださった。
「まず、よく子どもたちを観察することです。」「授業中は勿論ですが、休み時間、誰が、どこで、誰と、何をして遊んでいるか、調べてごらんなさい。」と言って、その把握の方法を教えてくださった。

観察記録ノート

それは、休み時間が終わって子どもたちが教室に戻った時、2、3分程で済む調査をするのだという。Ｂ６判に切ったわら半紙を子どもに渡し、自分の名前を書かせた後に、今の休み時間に、誰と、何をして遊んだか、書いてもらうのです。」それを一週間続けると、大体、子どもたちの遊びの傾向と、仲の良い友達が浮き彫りになってきます。それを元に、休み時間の子どもの様子を丁寧に見、子どもの声を聴き、「児童観察記録ノートに、一人一人に記録していくのです」と。

早速、二学期の初めにその調査を実施し、一人一人の遊びの観察記録をノートに書き出した。併せて、日々の生活での行動を、丁寧に記録していった。「給食の配膳が上手」「落ちているごみを黙っていても拾ってくれる」「そうじの時に黙々と雑巾がけをしている」「落し物をきちんと整理している」などなどである。すると、ひと月もしないうちに子どもの様子が手に取るように分かってきた。保護者との面談の時でも、記録を見なくともすらすらと、子どもの良さが言えるようになってきた。授業中も、目立った発言は、名刺サイズの紙にメモをし、胸ポケットにしまい、それを、画用紙の個人票に張り付けていった。

授業は荒っぽく、時間内で終わらないことの多い日々ではあったが、子ども一人一人がやっと、少し見えて来た感じがした。

朝の会でのニュースの紹介、家庭学習での自由ノートの発表、係活動の交歓、学級行事の餅つき大会の企画・運営。少しずつ学級が落ち着いてきて、楽しくなってき始めた頃である。

そんな迷いながらの学級経営の時期、新しい学習指導要領の移行措置に入る直前に原稿を依頼され、教員になって初めて活字になった文が、前掲の「食塩に"×"をつけた神様の創造力」である。いたずら小僧たちの会話は、当時、悩みの種であった学級の子どもた

ちとのやり取りである。今になって思えば、明るく素直で、発想豊かな子どもたちに恵まれていたと思う。

《コメント》

そんな教え子が、先生の授業は楽しかった、と言ってくれる。青虫が黒板や窓の桟でサナギになり、やがてモンシロチョウが教室中を飛び回ったりした。帰りの会で「小僧の神様」などの本を読み聞かせしてくれたことを、今でも忘れないと、懐かしそうに語ってくれる。この本の表紙にした「Beforeの私の顔」を、50年程前に、図画工作の時間に描いてくれたのが、この子たちである。（大塚惠子さんの絵）

今、その子どもたちは、定年を間近に控えた歳となった。

4．教職の夢を拡げる　初めての座談会収録

昭和45年、初教出版という会社で「青年教師を囲む」という座談会が企画され、翌年3月にA5判の初等理科教育入門シリーズ1『初等理科教育のあり方』という表題で出版された。会社は文京区の茗荷谷駅近くにあったが今はもう無い。

小学校の理科教育を担う「初等理科教育研究会」が昭和40年代初頭に立ち上げた出版社で、初等理科教育の一世を風靡した東京教育大学附属小学校教室主体の研究会であった。座談会が開かれたのは、私が新卒で受けもった子どもたちを卒業させる直前の頃である。座談会のメンバーは、私と同世代の教員5人と、文部省教科調査官のTK先生、東京教育大（現筑波大）附属小の荻須先生、豊島区立目白小学校教諭（後、千代田区立番町小学校長）の草野先生の3人の大ベテラン陣であった。この3人の先生には、後々まで色々な場面で、ご指導いただいた。

振り返って読んでみると、冷汗がほとばしるような生意気なことを言っている。さらに、座談会の巻末に、今「私のやりたいこと」

という抱負が書いてあり、以下のような文章が載っていた。書いた記憶は全くないのだが、今思うと恐いもの知らずの若造が、勝手なことをほざいている。若さの特権とは、よく言ったものだと思う。短い物なので掲載してみた。

「いま一番やりたいこと」　葛飾区立中青戸小学校教諭　角田　元良
　この頃、盛んに生涯教育ということが叫ばれておりますが、そのことは、子どもをどのように教育していくか、とか、どんな子どもにしたいかという問題以前に、教師自身がどのように教育を考え、自己を見つめ、高めていくかという問題であろうと思います。
　従って、今、私が一番望んでいることは、自分を高めるにはどうしたらよいか、ということです。ここで高めると言うのは教育についての専門的知識だけを指すのではなく、もっと広く人格という点にまで広げて考えるわけです。

教師は最高の芸術家

　具体的には、芸術を理解できるような人間にならなければいけない。というのは本来、教師という職業は最高の芸術家でなくてはならないのですから。芸術を土台とし、教育の専門家としての土台を切り開かなければいけないと思います。音楽を聴き、絵画を鑑賞するゆとりを持ち、日本という風土の中で育まれた教育のプロジェクトと、諸外国のプロジェクトを研究する中で、向上させるようなことを考えています。　　　　　　　　　（昭和44年暮、24歳）
　この座談会の直後に、全く予期していなかった、一大事が起こった。

5．がむしゃらに突き進む　夏期研修会

　それは、文部省とハワイ大学とが主催し、極東地区のアメリカンスクール教員を対象とする夏期研修会に、日本人参加者の一人として派遣されることになったことである。その仕掛人となった方は、ずっと経った後になって分かったことだったが、先の座談会に出席していらした調査官のTK先生と、その座談会出席者の人選をされた、東京都教育委員会理科担当指導主事の井口尚之先生であった。
　井口先生は、学生時代の同窓の飲み友達で、何度となく家に泊ま

りに行った親友の父親であった。酒を呑んで2人が理科の議論に行き詰まって居間に行った時に、ウイスキーの水割りを呑みながら、「お前たちは学習指導要領の読みが足りない」と叱る「泰然としながらも理屈っぽい親父さん」であった。

学生時代は、その親父さんが、学校現場に影響力がある人とは、全く知らなかったし、どんな仕事をしている人か、聞いたこともなかった。たとえ聞いたとしても、指導主事とはどんな立場の人なのか、当時は見当もつかなかった職である。

後で分かったことだが、この方が、この夏期研修会参加の仕掛人であった。

1970年度夏期研修会の名称を、NSF'70という。NSFとは、National Science Foundation（全米科学財団）の略で、その財団が主催する研修会は、大変権威ある研修会として、全米に轟いていたそうである。参加するには、選考試験が課せられ、合格者は、極東地区のアメリカンスクール教員から百名程度しか合格できない、難関の研修会であった。参加者の受講料・宿泊費はもちろん、それまでの勤務地から研修地までの渡航費用、滞在期間中の給与まで支給され、修了後には、ハワイ大学から理数科4単位が与えられる。アメリカ人教師は、その単位が、次年度の採用時からの給与に反映されることになる、と聞いた。もちろん日本人は対象外であった。

NSF
夏期
研修会

特別招待の日本人10名のうち、小学校教員は2名で、もう一人は中央区の40代の高校籍の理科担当指導主事であった。他の8人は、在籍県で理数教育の振興に貢献したベテラン中学・高校の教員であり、私は歴代の最年少参加者として、The Youngest Teacherと紹介されたものであった。

選考試験は筆記と面接があり、全て英語であった。筆記はもちろんだが、面接も英語で、それにはもの凄い不安があった。中・高・大学を通じて、自慢じゃないがそれまでに英語で会話を交わしたことはなかったからである。もちろんアメリカ人と話したことは、一度もなかった。そんな私が、霞が関の文部省の一室で、初めてネイティブアメリカンから試問を受けたのである。

聞かれたことは、全く分からなかった。私が習ったJack &

Bettyの教科書を使うJapanese Englishの英語の先生とは、全く異なった発音であり、速さだったからである。

　後で、冷静になって面接を思い返すと、家族のこと、住まいのことなど、全く初歩的なことを聞かれたようであるが、完璧なまでに分からなかった。ただ、不思議なことに最後に言われた「Any question?」だけは聞き取れて、前の晩に徹夜で暗記した自己紹介と志望理由を英語でまくし立てた。質問されると厄介なので、立ちあがって「Thank you」と言って、面接官の目を見て握手し、部屋を飛び出した。1月だというのに全身から汗が吹き出ていた。その時の面接官は、利茶亜度・於須那（リチャード・オスナー）という名刺を持った日本矗員の極東地区担当の教育長さんであった。

　当然、駄目と思っていた。ところが、3か月以上経ってからコングラチュレーションという手紙が舞い込んできた。コンサイス英和辞書と首ったけで、通知を慎重に和訳し、間違いなく「合格通知」であることが分かり、困惑してしまった。

　既に、昭和45年度が始まり、4年生の学級担任として1か月が経過していた。当然、行けないだろうとタカをくくっていた。ところが、校長先生が奔走され、区教育委員会を説得し時間講師を見つけ、3か月近く派遣してくれるようになった。まさに青天の霹靂であった。この時の校長先生は、葛飾区立小学校長会長をしていらした池谷（いけがや）保先生である。私の校長モデルであり、酒飲みの師匠でもある。魅力的な紳士で山を愛するロマンチストであった。70歳を前に亡くなられてしまったことが、本当に悔やまれてならない。

> 校長モデル

　今、70歳を迎える私は、「若い頃には無茶をし、色々な面で自らの限界を知ること。更に、年をとったら若い人に様々な場と機会を紹介し、経験をさせること」が役割であると思い、色々な場所で言っているが、みな池谷先生の受け売りである。「清濁併せ呑み色々な経験をする中で、自分の進路を見極めればよいのだ」という考えも、新卒時代に池谷校長先生にお会いしていたからである。

　池谷先生の歳を越えても、私は、今もってひよっ子の感じがしている。自分のことが精一杯で、若い人に十分な場と機会を作ってあげられないからである。

駆けだし教師は子どもの声を聴け　　33

《コメント》 NSF'70

　今はもう、この研修派遣制度はない。いつなくなったのか調べたこともないが、恐らく日本が豊かになって、教員を海外に大量派遣した、昭和の終わり頃になくなったのではないだろうか。その頃は、国も都も他の道府県も、教員の短期・長期の海外派遣を盛んに実施していた。教員だけでなく、生徒も海外に派遣した豊かな時代であった。バブルによって、儲けた成金が、外貨減らしのために始めた事業のような感じであった。だから、バブルがはじけて景気が悪くなった途端に、尻すぼみになってしまって、今では数える程の都市・地域しか派遣事業をしていないようで、情けないと言うか、寂しい限りである。

　旅行業者が企画する一般の観光旅行では経験できない、海外教育派遣事業が継続されていれば、今日の国際化時代に、もう少し違った展開が出ていたのではないかと思うのだが。惜しい事業を無くしたものだと思う。と同時に、日本の認識とは、この程度なのかと残念に思ったことである。

　大きく長い見通しをもつ見識を、若い人に育てていかないと、いつもあと少しの所で頓挫し、振り子が振れるように同じ事を繰り返して、元の木阿弥になってしまう。教育観・歴史観が、なかなか育って行かない。優れた人材が多くいるだけに残念である。

6．分からない子の気持ちが分かる　NSF'70での生活と授業

　NSF'70に派遣された日本人参加者10人は、米軍の将校待遇であった。将校は、一般の兵士とは完全に待遇が違う。将校'sメスという、別にある立派な食堂で食事ができる。一日3ドルの食事代がタダで、しかも一週間に10ドルの小遣いが支給される。当時1ドルは、360円の時代で、今とは比べものにならない驚くほどの価値があり、豊かであった。

　アメリカへの派遣といっても、場所は日本国内である。宿舎は、米軍府中基地であった。東京都府中市にありながら治外法権により、基地の中は、完全にアメリカ合衆国である。朝の8時と夕方の5時になると、トランペットの奏でるアメリカ国歌が流れ、星条旗の掲

国歌・国旗

揚・降納がある。その時は、何をおいても、国旗の方を向いて、直立不動の姿勢を取ることが決まりである。

基地内の映画館でも、上映前には「Ladies and Gentlemen Please Stand up」のアナウンスがあり、風になびく星条旗が銀幕いっぱいに映し出され、全員起立敬礼の下で国歌を歌う。ここは、アメリカだと実感する時と場である。

夕食　将校'sメスには、入口にカッコいい米兵の守衛がおり、最敬礼で迎えられる。赤い絨毯の敷かれた食堂で、背もたれのある椅子に腰かけ、ゆったりとした食事ができる。夕食時、オーケストラの生演奏が流れ、週末にはダンスパーティーやマジックショーなどが、賑やかに開かれる。草履のような大きさの分厚いステーキが2ドル、デザートなどを取っても、3ドルあれば十分足りる。アメリカの食生活の豊かさと、物価の安さを感じたものであった。ただ、肉は硬くてボリュームばかりで、旨いとは感じなかった。ホウレンソウなどの野菜は、アメリカ産の缶詰を温めたようなもので、食べられたものではない。更に、ケーキは、特大だが硬くてぼろぼろ、甘くてとても全部食べ切れる代物ではない。しかし、アメリカンは、それらをペロリと平らげ、1リットルも入るグラスでビールやコーラをグイグイ飲み干す。その食欲にびっくりすると同時に、骨格・体形が日本人と違う根拠を、つくづくと納得したものであった。

宿舎は20畳程の広さに、ベッドとロッカー、机等が置かれ、毎日、ベッドメイクされる清潔な部屋であった。ただ、トイレとシャワールームが共同なので、落ち着いて済ますことができず、抵抗はあったが、他は極めて快適であった。

授業　学校の建物は、関東村と呼ばれる所にあった。広々とした芝生のアメリカンスクールで中・高等学校の校舎を使った。そこで、授業を受けるのである。もちろん英語である。毎日・毎時間、英語のシャワーを浴びて、そこで私は、徹底的に打ちのめされる生活を送った。勉強が分からない子どもの気持ちがよく分かった。一生懸命分

分からない　かろうと努力しても、何を言っているのか、分からない。一時間がものすごく長く感じた。つらい時間であった。

数学は、黒板の式を見れば問題は解けるからよいが、科学概念の

説明や実験指示が、全く分からない。下を向いて、英文の教科書を見つめながら、先生の言葉が頭の上を通り過ぎるのをじっと待つ。授業が分からない子は、こんな苦痛な状態なのだということを、この時、しみじみと感じたものであった。

> 苦痛

やがて指示が終わった頃に、実験が始まる。きょろきょろと周りを見回して、想像力を張り巡らす。どうにか、それらしい実験に思い当たる。「その実験ならこうすればいいんだ」と、少し安心する。実験データを取り、ノートにまとめ、数値を処理する。その様子を見ていたアメリカンが、「グッドサイエンティスト」とお世辞に褒めてくれることがたまにあって、そのことが唯一の救いであったが、ちっとも嬉しくなかった。分かろうとして分からない辛さの方が、勝っていたからである。

学校での昼食は、カフェテリアである。1日3ドルの食事代、これは"食べで"がある。朝は、50セントもあれば、パンとコーヒーとサニーサイドエッグが食べられる。昼食は、学校のカフェテリアでたっぷり食べても、朝食より安く上がる。夕食は、前に述べた大きなステーキである。それでも、合計3ドルにはならない。色々なショーやビンゴゲームはタダである。テレビで見ていたアメリカの豊かさを、肌で実感した。当時、私の給料は、1月3万円程度であった。既成服の背広がやっと買えるかどうかという程度。腕時計は月賦でしか買えなかった。カメラは高嶺の花。それなのに、1週間10ドルの小遣い、日に3ドルの食事がつく。貨幣価値の違いと、日米の物価の違いを痛感した。

> 昼食

紙巻きタバコは、全て1箱25セント。ハードケースに入った憧れのダンヒルのタバコも25セント、太い葉巻は高くて、1本25セント。当時、日本の酒屋では、1万円以上したジョニーウォーカーの黒ラベルのウイスキーが3ドル。ジョニ赤は、恐らく2ドルしなかった。もちろんノータックスだから、基地外に持ち出すことは出来な

> ジョニ黒

い。それが原則だが、手荷物としてカバンに入るくらいの量なら、フリーパスで、全く問題はなかった。それが週末に帰宅する時の手土産となって、大変喜ばれたものであった。

7. 表現力を付ける

アメリカの理数科プロジェクトと教員の研修

ここでの理科の授業は新鮮であった。英語が分からないながらも、教科書に書かれている理科的な概念、例えばエンバイロメント、ポピュレーション、システムとサブシステム、インターアクションなど、今でも最先端で通用するコンセプトとコンテンツである。

数学でも、方程式の解を求めるような、答えが一つしかない問題ばかりでなく、関数やクイズ的な面白い問題で、答えが幾つもある問題や、答えのない問題など、よく工夫されたものが多かった。今流にいえば、PISA 的問題が多かったと記憶している。ただ、アメリカンスクールの教員の学力はいま一つである。日本人教員の方が遥かに高い。更に、ハワイ大学やカリフォルニア大学の優れた理数科プロジェクトが 70 年代に数多く開発されていたが、日本の校内研修のような、学校全体の質を上げるという研修システムがないので、組織的に高まることは、ほとんど期待できない。やはり個人主義の国だと感じた。

> 研修システム

教員の研修システムや学ぶ意欲は圧倒的に日本の方が高く、熱心である。国民性や文化的風土の違いであろう。

> 議論

ただ、彼らは非常によく発言する。分からないところを徹底的に議論し、解明しようとする。喋っていることは、ほとんど分からないが、彼らの語調に強烈にそれを感じた。この姿勢は、今でも日本人に、絶対的に欠けているところである。本当に国際化するのであれば、この姿勢を育てることが不可欠である。日本語でよいから、自分の意思をはっきり出すこと、相手の言うことをしっかり受け止めることである。その上で、互いの共通点を見出し、創造する態度

> 英語

を育てていかなければ、英語がしゃべれるようになっても、益々進化するボーダレスの時代に、取り残されてしまうのではないかとの危惧を感じる。ガッツとマインドがあれば、言葉は分からなくても、

心は通じるものである。

　今、小学校の英語活動が教科として必須になる方向で進んでいる。英語を話せる日本人を作ることは結構なことである。だが、それ以上に重要なことは、自分の意思を自分の言葉で表現するマインドを持つことである。低学年の内にヒアリングで耳をよくすること、そして、英語でコミュニケーションできる場を設けることが、段階的に必要である。もちろんそれらを、並行して育てることが望ましいのだが。「言うは易し、行うは難し」で、日本の置かれた地理的環境や指導者の養成・確保の問題で、容易ではない。まだ他にもある。「国際化」という言葉一つとっても、教える側の学校教師と家庭や地域、企業の意識は全く異なっている。学校は、国際的な視野を持った日本人を育てるというイメージであり、企業は、英語で商売できる人間であり、家庭では、我が子が英語を喋れることである。認識に違いがあり過ぎる。

　このギャップを埋めるよいチャンスは、2020年開催の、東京オリンピックかもしれない。開催の成功に向けて官民一体となった時、飛躍的に、劇的に変化が起こるかもしれない。そしてこれが、日本人全体が英語を学ぼうとする最期の大きなチャンスかもしれない。オリンピック開催の意義の大きな一つだと思う。

8．人との関わり　井口先生とのこと

　学生時代の親友、井口君の父親のことをこの章の前半で書いた。座談会への出席もNSF'70も、背後で支援してくださっていたのが井口尚之先生であったことを知ったのは、ずっと後のことであった。そのことへのお礼を申し上げる機会を逸したまま、井口先生は他界されてしまった。私はお亡くなりになったことさえも知らず、もちろん葬儀に参加することもなかった。誠に失礼の極みであり、申し訳なく、そして残念に思っている。

　実は、あのウイスキーの親父さんと、新卒2か月位して劇的なめぐり会いがあった。

　昭和42年6月の中頃である。葛飾区の理科主任会があり、中青戸小理科主任のSO先生が新規採用の私を連れて行ってくれた。各

校の主任が60名程も集まる会であったが、講演会があるからと私を連れ出してくれたのである。理科副部長の司会の先生が、「今日は、都から偉い先生がお見えになる。大変貴重な機会なので、よく聴いて、これからの理科教育の方向をしっかり理解するように。また、講演の後、質疑応答の時間があるので、質問して名前と顔を覚えて頂きなさい。」と述べた。その後、理科部長が、講師の先生を会場に導いていらした。

　顔を見た瞬間、唖然とした。あの親父さんである。後方に座っていたにも関わらず、思わず私は顔を伏せた。講演が始まっての第一声は、「今年来た教員で、私の息子と同期の者がいる。未熟だが、熱心なのでしっかり育ててほしい」と言われて、私の名前を挙げた。顔から火が出るような思いであった。講演中ずっと下を向きっぱなしで、講演の中身は、何も覚えていない。終了後、場所を変えて井口先生を囲んでの懇親会が催された時、逃げようとする私は無理やり連れて行かれ、先輩達から手荒い歓迎を受けた。その時初めて、指導主事の何たるかを知り、炬燵でウイスキーを飲む井口親父の正体が分かったのである。人の巡り合わせとは何と不思議なものか。この出会いが私の教育界での大きな転機となったのだと思っている。未だに忘れられないことである。

　そして、その後の色々な人との出会いも、この時から始まったのではないかと、それが分かる歳に今なった。理科主任会への参加も、池谷校長の指示であったことを、ずっとあとで、先生が亡くなられてから知った。寂しいことであるが、人を育てるとは、こういうことかと身をもって感じている。そんな先輩の遺志を受け継いで、これからの教員を育てなければと、思わずにはいられない。

（平成26年（2014）11月5日　記）

30代前半のキャリアアップ

自分の可能性に挑戦するとき

1. 異動は最大の研修であると気付くとき……………40
2. 間を学ぶとき………………………………………40
3. 自己の成長を実感するとき………………………41
4. 独りよがりに気付くとき…………………………42
5. 自分の限界に挑戦するとき………………………43

1．異動は最大の研修であると気付くとき

　人生で一番充実している時、それは30代である。
　30代は、人生の中で、一番活動できる時期である。教職経験も10年程度あり、異動も2校目か3校目に入り、新任の学校とは違った、厳しさを感じる時でもある。たとえ同じ区域の異動であっても、学校の歴史・校風等、空気みたいなものだが何かが違う。まして他地域に異動すると全くと言っていいほど、全て違う。文化が違うのである。その違う文化の中で、どれだけ存在感を発揮できるか。それは、新卒の学校で、どれだけ鍛えられたかによるのである。

2校目

文化

　新卒の学校では、先輩の真似をし、見習い、失敗や羽目を外すことがあっても、大目に見て許してもらえる。もちろん新卒5年ぐらいまでの間に、たっぷり授業研究をし、子どもの見方や教材解釈の浅さを痛烈に批判され、教育者としての奥深さを学ぶ期間である。それは、言われて教えられても、なかなか分かることではない。体験によってのみ身に付くものだ。厳しく叩かれ、課題意識を持った授業研究を沢山したほど、2校目以降で活きてくるのである。

2．間を学ぶとき　　授業の中での"間"

　体験によってのみ、身に付くものの一つに"間"がある。授業の中での"間"。発問してから子どもたちが反応するまでの"間"。教師の発問から次の発問までの"間"であり、子供の反応に対する教師の相槌の"間"でもある。吐く息と吸う息の"間"でもある。

発問

かつて徳川夢声と言う「語りの名手」がいた。ラジオ全盛の時代である。彼の朗読は絶品で、その語りを聞くと、誰しも頭の中に映像が浮かぶという程である。その彼が、日本語の語りの中で一番難しいのは、"間"である、と言っている。今でも、その芸は落語の世界に残っている。あの話芸がそれである。

　授業は"間"が命であると、私は今でも、そう思っている。かつて授業の名人と言われた教師がいた。その教師達は、誰もが皆、"間"の取り方が絶妙であった。筑波大附属小の荻須先生は、その達人であった。この"間"は、なかなか身に付かない。しかし、いとも簡単に身に付く人もいる。素質かもしれない。でも、身に付かないからと言ってあきらめてはいけない。学ぶのである。「学ぶは真似る」ことから始まる。落語を聞いたり、劇を見たりして、学ぶのである。

3．自己の成長を実感するとき

　"間"とか、アクセント、イントネーション等、そんなことが研究協議の後で、先輩教師から聞かされる。そこで人間教師の基礎が形づくられるのである。

　スポーツにしても懇親会にしても、先輩より先に行って準備をしておかなければ叱られたものであった。叱らないにしても無言の教えを受けたものであった。不合理だと思ったこともあったが、そういう体育会系の考え方、行動規範と言うものを新卒時代に、強くたたき込まれたものであった。でも、その厳しさの中に「この新採教員を育てていかなければ」という先輩の温かさがあった。

　その時期に甘えたり、厳しさから逃げようと異動したり、目を背けた人間は、次のステージで教師として伸びていかないということを経験的に知っている。

　それはどこの社会でも、どこの職場でも同じではないだろうか。

　そこで貪欲に吸収した教員が、２校目の異動で、30代になって自立しようとした時、急激に伸びたのを自身が実感するのである。

　だから、20代は基礎づくり。30代は伸び盛りなのである。今までに沢山の新卒教員を見てきて、そう感じている。もちろん人それ

ぞれで、早成もあれば、晩成もある。何回か転職し、違う職種に転換して頭角を現す場合だってある。あくまでも、私の経験談である。

　私は、29歳のとき、中央区の学校に転勤した。自分の意志ではない。ある理科の先輩から言い含められて、何が何やらわからないままに、電話口で「はい」と言った結果であった。人生の一大事がそんなことでいいのかと思ったが、「異動とはそんなものだよ」、と後で、その先輩から言われた。今の時代には、通用しないことではある。昭和48年（1973年）12月、転勤直前のことであった。

4．独りよがりに気付くとき

　この異動は、全く自分の描いたものと違っていた。まず、理科専科として異動することからして、私の信念に反していた。一人一人の子どもを大切にする全人教育を目指して小学校教師になったのに、初心に反する行為であると思っていた。 専科

　しかし、この異動で、専科教員としての難しさ、楽しさを思い知らされた。それが、その後の教師生活にとって大きな転機となった。

　まず、「時間の意識」が変わったことである。一単位時間や年間授業時数への意識が、全く変わったことである。学級担任としてのそれまでは、授業時間の45分はいくらでも自由にしていた。自分が興に乗れば、10分20分延ばすどころか、もう一時間続けることすらあった。

　専科は、そうはいかない。単位時間45分の中で勝負し、学級担任に戻さなければならない。準備から後片付けまで、完璧にこなす時間が45分である。そして、年間35週の中で、学校行事や祝祭日を考慮し、計画的に進めなければならない。

　更に、学級によって、というより学級担任によって、こんなにも子どもの反応が違うものか、を知ったことである。発想の豊かな学級、テストの点数を必要以上に気にする学級、男女の仲が良い学級、まとまっている学級。そうでない学級。かつて学級担任をしていた時の、自分の学級はどうであったのか。それを思うと冷汗が出た。独りよがりの傲慢さに初めて気付かされたのである。 反応の違い

　3年間の理科専科をしている間中、学級経営の重要さ、いかなる

学級像　学級を作るか、望ましい学級像なるものに、非常な興味を持ったものである。目指すは、発想の豊かな学級で、それぞれが自由に意見を言い合い、それでいて、互いに認め合える創造的な学級である。学級担任観を創ることができたのは、意に沿わなかったけれども、理科専科をやったからであり、それによってまがりなりにも理科教育の全体像・全体観ができたのである。意に添わなくともチャレンジする年代が、30代である。「異動は最大の研修である」との意味が分かるときだ。

5．自分の限界に挑戦するとき

　理科専科をやることで、小学校理科の系統性ということを、強く意識するようになった。同時に、幼稚園、中学校のカリキュラムについての関心も深くなってきた。

　そんなこともあって、都立教育研究所の初等理科研究室や東京工業大学の坂元　昂教授の教育工学研究室に通い始めた。両方とも正規のルートを通さないモグリではあったが、理科教科調査官TK先生のとりもつ縁もあって通うようになった。

モグリの研究会

　いずれも夜6時以降の研究会であった。坂元教授とTK先生とのやり取りは、頭がクラクラするほどの新鮮さと、速さで進んでいく。家に帰っても、目が冴えて興奮で眠れないほどであった。そんな生活が7年以上も続いた。その頃、猛烈な勢いで本の執筆をした時でもあった。原稿用紙にすべて手書きの時代である。書いては消し、消しては書く、そんなことが、その後のテレビティーチャーや指導主事になった時に、ものすごく役に立つことになった。

極限を知る

「人間の極限を知るときはいつか」、と問われれば、それは「30代の前半でしょ」と私は答える。30代は無理がきく年代である。一日の睡眠時間は何時間までなら大丈夫か。その状態で何日もつか。そんなことを識る時期は、30代しかない。いや、そんな無茶は、30代でしか出来ない。

　上記の研究会だけでなく、国や都や区の理科の仕事も、進んで引き受けた。

　何か新しいことを始め、それをやり遂げることが楽しくて仕方な

い時であった。前述の初等理科教育研究会で出している雑誌の編集委員としてある月を任される。また、理科以外の依頼原稿や研修会の講師も、時間の取れる限り引き受けた。体がいくつあっても足らないと感じた時であった。しかし、楽しくて生き甲斐を感じていた。そんな時にテレビティーチャーを引き受けてしまったのである。

不思議なもので、いくつもかけ持ちしていると、バラバラなことがつながって来る。時間がないのに、統一的に、先が見えてきたりする感覚が芽生える。そんな時、ものすごく嬉しかった。進歩が自覚できたからであろう。

つながる

きつかったのは、引き受けた仕事を期日迄に仕上げることであった。しかし、どんなに忙しくても、たとえ100％の仕上がりではなくても、必ず守った。

期日迄に仕上げる

「忙しい人に仕事が集中するのはなぜか」、それは、確実にやり遂げてくれるからである。「仕事は忙しい人に頼め」との言い伝えは、忙しい人を見ていると確かである。期日を守るからだけでなく、確実に仕事を果たすからである。

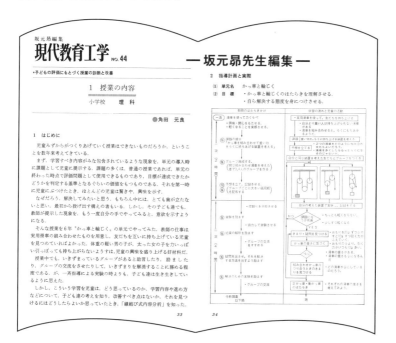

30代後半のキャリアアップ

限界に挑む

1．テレビティーチャー誕生の舞台裏……………………… 45
2．初めての収録………………………………………… 46
3．体力の限界を識る…………………………………… 49
4．爆発事故発生………………………………………… 50
5．幕切れ………………………………………………… 52

1．テレビティーチャー誕生の舞台裏

　NHK．Eテレが、教育テレビと言われていた時代、私は「理科 小学校6年」のテレビティーチャーを5年ほど務めた。昭和53年9月、33歳から39歳迄の期間である。毎年20数本作るので、5年で100本以上の番組を制作し、出演していた。国内はもとより、海外日本人学校にも配信されており、視聴率は0.2%程度とのことだが、教室で多くの子どもが見ているので、実視聴者数は、かなりの数に上っていたと思われる。今でも、インターネットに当時の6年生から、「再放送を見られないか」という問い合わせや要望があると聞く。しかし、当時の放送用ビデオは2インチの幅で、高価であったため一定期間保存した後、使い廻しをしていた。そのため、放送センターにもほとんど残っていないようである。再放送の実現はかなり困難のようだ。

　それはさておき、葛飾区から中央区の教員として異動し、3年間理科専科を経験した後、学級担任になった矢先のことである。

　6月の蒸し暑い日に、NHKの理科番組制作担当者数人が、突然理科の授業を見に来た。後で思えば、これが面通しだったようだ。何をどの観点で見に来たのか全く分からなかったし、その後2か月近く音沙汰がなかったので、気にもしないで忘れかけていた頃、NHKから校長先生に連絡があり、テレビティーチャーとして、制作出演することの許可を求めて来た。その時の校長先生は、終戦後、新教科として誕生した社会科のラジオ番組を担当した経験のある

（余白注：再放送／面通し）

「学問の匂いのする話をしよう」が口癖の、学究的な大川弘治先生であった。校長先生から「良い勉強になるから」との後押しがあり、すんなりと決まった。理科専科から学級担任に戻り、小学校教員として全教科を教えられることに喜びと充実感を感じていた時だけに躊躇したが、「良い勉強になる」との一言で、了解してしまった。

夏休みの終わり頃、「番組収録の様子を見に来てください」と担当者から連絡があり、代々木の放送局に出向いた。その時に初めて、6年理科番組出演のSK先生が、教頭に昇任することになり、その後任として入ることが分かった。

その日、SK先生の収録ぶりを他人ごととして見ていた。収録の後で、「来週から収録しますので、よろしく」とプロデューサーに言われた。まさか、そんなに早く、私がやるとは思わなかったので驚いたが、こうなったら仕方ない。

リハーサルは、翌週、月曜日の18時からと決まった。その打ち合わせの時、台本を貰うことになる。要領が全く分からないまま、何とか、台本合わせのリハーサルの時を迎えた。

2．初めての収録

兎に角、現役の4年生の学級担任で、6年生の番組を見ることはできない。理科専科の時代は、もちろんテレビを見ているゆとりはない。2時間続きの授業は実験と協議、レポートで一杯である。

担任する学級の子どもたちにも出演を伝えず局へ向かった。

初めての収録は「カビ」であった。カビは、どのようにして増えるのか。最適な条件を見つけて育てながら、胞子によって増えることに気付かせる、20分間の番組である。

昭和53年8月16日。台本読みリハーサル当日。渡された台本は、《承前》という部分が多く、ト書きは、ほとんど空欄。つまり、映像や声優さんの画面やセリフを受けてまとめ、次につなげることが、私の役割であると理解した。

前任が作ったシナリオのせいもあるが、ストーリーが頭に入らない。訳が分からないうちに、台本打ち合わせが終わった。覚悟を決めざるを得なかった。

NHK ETV 理科教室小学校6年生　　最終出演となった「電磁石の極」の台本
初出演時の台本「かび」　　　　　当時はガリ版刷りであった。

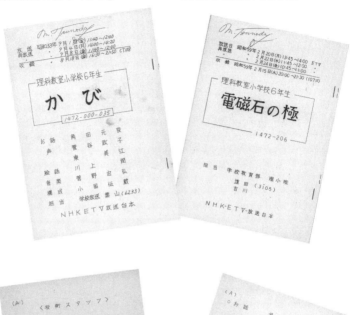

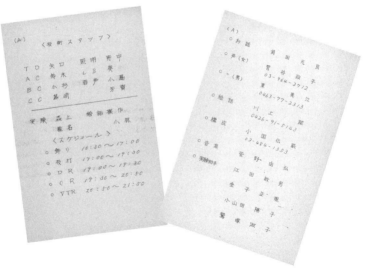

　一日空けて水曜日に、本番収録となることが告げられた。
　収録までの一日、《承前》の文を練り、次へとつなげる言葉を考えるのに、眠れないどころか、食事がのどを通らなかった。
　8月18日収録当日、カメラを通して手順を確認するカメラリハ

ーサルが終わって、局の食堂でスタッフと一緒に初めて夕食を取った。強引に蕎麦を流し込むのがやっとであった。

そして、必死の思いで、何とか初めての収録が始まった。3台のカメラの、どれが自分を写しているのか分からず、目線がずれる。日頃教室では、子どもが目の前にいて、その子たちに向かって話しかけているが、今はカメラのレンズに語りかけなければならない。カメラに向かって笑顔で話しかける難しさを痛感しつつ、何とか収録が終わった。やっとホッとして、体中から汗が噴き出し、どっと疲れが出てきた。その直後に、次回は、「カビの利用」という番組で、甘酒作りをやるので、ロケに行くとのことが告げられた。まだ夏休み中だから時間のやりくりはついたが、2作目にしてロケとは、と呆れてしまった。

「これから、台本作家のO氏と打ち合わせをして欲しい」と言われた。1本目の収録が終わったばかりの時である。ロケで撮る映像の概略とセリフを決めなければロケに行けない、という。

終わったのは、真夜中になっていた。どういう経路で帰宅したの

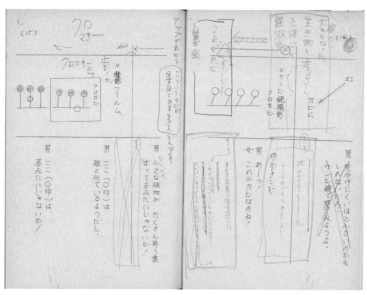

「かび台本」コメントに苦難の跡が……
初回にクロマキー（合成映像）を体験

か、全く記憶はなく、茫然とした状態でタクシーに乗り、家に着いていた。精神的にも肉体的にも、疲れ切っていたが、眠れなかった。

それから、今まで以上に俄然忙しくなった。

ロケは、神田明神正面の鳥居横にある老舗の甘酒屋さんである。

江戸時代から続く由緒ある有名なお店である。普通、簡単には入ることのできない地下の麹室（こうじむろ）に入っての撮影である。眼鏡が曇る程、湿度の高い室（むろ）の中でワンショット、次いで、甘酒を飲んでいるところでワンショット。江戸時代には網の目のように地下に室が広がっていたという。それ程需要があったと言うことであろう。私は、この時初めて、甘酒を呑んだ。その美味さは、格別であった。そして、テレビ出演も結構楽しいものだと感じた。

初めての放映は、9月1日。教員はともかく、家族・親戚からは散々な酷評であった。まばたきが多すぎる。話し方が堅い。自分の言葉になってない等々である。それでも何とか回数をこなすうちに、それなりに見られるようになってくるから不思議である。二学期から教員とTVティーチャーの二役が始まった。

3．体力の限界を識る

しかし、その忙しさは、想像を絶するものであった。週に2回か3回は、代々木の放送局まで行かなくてはならない。17時に学校を出て、18時に局に入り、台本の打ち合わせと声優さん、作曲家、コンテ担当の絵描きさんなどを交えて台本合わせのリハーサル。一日空けて収録。このペースが、ほぼ毎週続くわけである。夜9時頃には収録が終わるが、そのあと台本打ち合わせや、打ち上げをやると、早くても帰宅は23時。ちょっと気分良く、もう一軒となると午前様だ。タクシーで帰ってシャワーを浴びて2,3時間の仮眠をして出勤なんていう日が何回もあった。体力がなければ勤まらない仕事である。昼間は学級担任、夜はTVティーチャーという生活が5年間も続いた。

この時の体験から、先ずは体力をつけること。次に体力の限界を知ることの重要さに気付いた。

続けて行くうちに、色々な職業の方と一緒に仕事をすることの面

白さ、奥の深さを味わったものであった。これは、今までに経験のなかったことである。大学の研究室は、目的を同じくする人の集まりである。深まりはあるが広がり、発想の豊かさ、意外性は少ない。だから、この仕事は、やっていて本当に楽しかった。声優さんの声の種類の多さ、それを使い分ける技術。作曲家の、子どもの思考を誘うイメージの曲作りの豊かさ。コンピュータの無い時代の絵描きさんの多彩な動くコンテ作り。いつもいつも、驚かされた5年間であった。

意外な出来事もあった。出演して3年目。6年生の担任をしていた時であった。鎌倉へ遠足に行った時のことである。露座の大仏様の前で騒動が起こった。他の学校の6年生が私を見つけて、テレビの先生がいると騒ぎ出し、遠巻きにされてしまった。受け持ちの子どもたちは、遠ざかり、ひどく妬んでいた。

逆のこともあった。卒業後、1か月程して、私立中学校に行った子が、自己紹介のとき学級担任のことを話したら、サインを貰ってきてくれと頼まれた、と。

番組の内容についての感想や質問もかなりあって、回答を求められることもあった。どうしても実験がTVのようには行かない。どうすればうまくいくのか、と。それらに一つ一つ丁寧に答えることも、TVティーチャーの役割であった。

4．爆発事故発生

大失敗をしたこともあった。炭酸水で「ラムネを作ろう」と、ラムネのビンに砂糖水を入れ、ドライアイスを使ってラムネ作りの実験をしたときのことである。

ところが、ビンの破裂事故が起こってしまった。それも、全国各地で起こり、「NHK理科番組の実験で爆発事故」という大見出しで、連日のように5大紙を始め、地方紙に活字が躍った。「小指の先位の大きさのドライアイスを一個入れる」と指示したのだが、数個の

ドライアイスを入れたり、大きくて瓶の口から入らないので、金槌で叩いて無理やり押し込み、破裂したというのもあった。

夕方7時のNHKニュースで実験中止を呼びかけたほどである。

都内で起きた事故は、悲惨であった。その電話の第一声が「爆発事故」だったからである。警視庁捜査第一課の出動になった。怪我はかすり傷程度であったが、当時は、革命家による爆破事件が多発しており、初動は、一課になったのである。

捜査一課出動

その晩、局の責任者と私は、都内の警察署で事情聴取を受けた。人定尋問から始まって、予備実験の回数や瓶の強度に対する調査の有無など細かに聞かれ、カーボン複写の記録にとられ、間違いのないことを確認した上、署名し、拇印を押して終了した。

アルミの灰皿

初めて入った取り調べ室に、テレビドラマで見るへこんだアルミの灰皿があったのはおかしかったが、笑うゆとりはなかった。解放されたのは、深夜だった。

事件が終息するのに、1か月以上かかった。学校で、ビデオに撮っておいた番組を後で見て、面白い実験なので、自由研究のネタになったり、クラブ活動でやったりしたため、なかなか終息しなかったのである。

この事件の反応は様々であったが、概して好意的であった。
「面白い実験、児童が興味を持つ実験を、やめてはいけない」
「実験に臆病になるな」との意見は嬉しかった。

同時に「教師は予備実験を必ず行い安全を確認すること」、
「きめられた分量で実験をすること」
「実験器具以外での実験はしないように」との意見もあった。

これらのことを通じて、理科実験する際の、最も基本的なことを思い知らされた次第であった。また、公共放送の影響力の大きさを痛感したものであった。と同時に、全国の学校で多くの児童が理科テレビを見、楽しんだり疑問に思ったりしながら追実験し、確かめたりしていることを改めて認識し、理科教育に関わる自分の仕事の責任の大きさと、重さと

を痛感したものであった。

5．幕切れ

　昭和59年4月から教育委員会への異動が決まり、3月で出演出来ないことを申し出た。2月、最後の収録の後、花束が贈られた。どこかで見たような光景に自分がいる。終わったという安堵感と、もうスタジオに来ることはないんだ、という寂しさが湧き上がってきた。もしかすると、一生の中で一番華やかな時になっているのかもしれない、と思った。あっけない幕切れだった。

《コメント》

　30代は、気力も体力も充実している時期である。自分の専門領域をしっかり深める年代である。と同時に、教育界以外の、よその世界を知ることのできる時期でもある。番組を作りながら、組織として動くことの大切さと意義が、痛いほど分かった。

　一本のTV番組を作るのに、いかに多くの人と時間がかかっているか。

　よその世界を知ることには、計り知れない良さがある。それは、
・見方や考え方が広がるからだ
・組織とは何か、組織として動くことの意義を考えさせられるからだ
・プロの仕事とは、何かを考えさせられるからだ
・リーダーの在るべき姿を考えさせられるからだ

　今もなお、出演した全部の台本が、大事に書棚に収められている。どのページにも朱が入っている。セリフのあるページには、必ず大きな折り目がある。ページを括ると、どのページも、自分しか分からない符丁が書き込まれている。

　30代後半の私の記念碑である。

　こう書くと、テレビしかやっていなかったように思うかもしれないが、TVに出ているから仕事ができない、と言われたくなかった。勤務校の校内研究主任、区の理科部関係、区教育センター主任、科学センター、理科関係書籍の執筆、等々。寝る時間を削るしかない

よその世界

生活を送っていた。

自分を識る

　30代は、体力と気力が充実している、一番働ける時期である。この時こそ、自分のあらゆる面での極限を試し、自分を高め、自分を識る時期にしたい。そして、転機を捉え、思い切って一歩前へ進むことである。蛹が脱皮する時期である。

30代後半

出演風景「日光と森」

40代前半のキャリアアップ

専門家への道を開け

1. 指導主事への道　ゴモン指導主事・・・・・・・・・・・・・・・・・・・・54
2. たかが指導主事、されど指導主事・・・・・・・・・・・・・・・・・・・・55
3. 指導主事はYESから入り、隙間家具職人に徹する・・・・58
4. 指導主事の異動　地下に潜る指導主事・・・・・・・・・・・・・・・・62

1．指導主事への道　　　ゴモン指導主事

　昭和57（1982）年7月、38歳の時初めて指導主事試験を受けた。見事玉砕。受験のための論文書きの練習もせず、受けた本人も当然の結果と思っていた。

　次の年に、自主研修会という区校長会主催の勉強会に参加し、受験のための論文書きに精を出した。とは言え、週2日は確実にテレビの仕事に取られていたし、モグリとは言え、東京工業大学の坂元昂先生の研究室での「意欲」の研究が月2回あったので、何かと理由を付けては、勉強会に参加しなかった。

　兎に角、坂元研の「意欲」の研究は楽しかった。何が楽しいと言って、教授とTK教科調査官の会話というより、討論が、いつ果てるともしれない白熱の闘論となり、バトルを繰り広げる。それはすごく楽しいのだが、とてもその論戦の速さに追い付けない。これは、指導主事になることよりも、ずっと魅力的だった。

　でも本音は、厭なことから逃避したかっただけかもしれない。

　昭和58年8月21日日曜日、試験当日。上野駅近くにある都立高校の試験会場に向かい、2度目の挑戦をした。試験は、午前3問、午後2問である。午前中の3問は教頭資格を取らせるもので、教頭受験者と同じ問題であり、「健全育成と耐性」「学校運営と学年学級経営」「施設設備の安全点検」等、3問が同時に配られ、150分の勝負である。午後の2問は、設問に対して、自分の専門教科の視点で書くものである。問われた背景・課題について述べ、現場にどのような指導・助言をしたらよいかの回答を求められた。午前・午後

選考試験

いずれも回答は、1,000字程度の論文である。教員採用試験以来、20年近い歳月を経ての受験である。試験の方法も内容も、全く違っているが、落ちたところで、職を失う訳ではない。一寸の期間、恥ずかしさを我慢すれば済むだけのこと、と開き直っていた。

当時、指導主事の採用は、自分の専門教科又は専門領域ごとに任用されていた。先輩指導主事が校長に昇任された数に合わせて、合格者数が決まる。従って、合格人数は、年ごとに、教科ごとに異なっていた。年度によっては、任用予定のない教科等もある。教科のエキスパートとしての任用試験であった。1教科ごとに2教室、80人前後の受験者がいて、1次合格者は7、8人。その後、2次試験の集団面接と個人面接を経て、最終合格は、1教科2名程度の狭き門である。

当時、合格した指導主事のことを5問受験してなったので、5問指導主事と言う。俗に、「5文指導主事」と言った。その前の時代は、午前中2問の教頭試験を受け、午後は専門問題を1問だけだから、「3文指導主事」と呼ばれた。3文でも5文でも、指導主事とは、その程度の待遇だという、自嘲的表現である。期待に胸膨らませてなった指導主事の処遇がこの程度である。教員を以って充てる指導主事の現実の厳しさが想像されよう。

2．たかが指導主事、されど指導主事

「たかが指導主事、されど指導主事」と言う表現は、充て指導主事の悲哀を表した言葉として、今もって忘れることができない。その理由は、職に就いてみて初めて分かることである。

指導主事になるまで、教員の目から見れば、その当時は専門職として、憧れの職種であった。現在でも「指導主事先生」という敬称が付いて呼ばれていることに、当時の名残りがあり、ある種の敬意が込められていることは、変わらない。しかし、現実は「夜打ち朝駆け」の事件記者並みの勤務時間。雑用係的なことが極めて多く、学校や現場教師からは見えない仕事が90％以上あることは、今も昔も変わらないところである。

私は、指導主事とは隙間家具職人みたいなものだと思っている。

無駄な隙間にピタリとはまれば、いい仕事をしたことになる。隙間に自分の仕事を合わせる。どんな隙間であれ、ピタリと当てはまる仕事ができる職人芸を持った人が、いい指導主事なのである。

> 隙間職人

　そう思うようになったのは、東京の多摩地区にある人口が6万人、7平方キロメートルの扇の形をした田無市（現：西東京市）の指導主事として着任した時であった。市には、指導主事が一人しか配置されていない。俗に「いちにん市」と呼ばれる市である。当時、多摩地区には、「一人市」が10市あった。

> 一人市

　今でも全国的にみると、指導主事が1人しかいない市はかなりある。もちろんゼロの市も多く、幾つかの市がまとまって組合立教育委員会を構成し、指導主事を置いている所もある。

　当時の田無市の学校数は13校。小学校9校、中学校4校であった。本当に小さな市で、昔は農道だった曲がりくねった道が多く、道の向こう側は市外といった感じであり、ぐるりと他の市に囲まれていた。今は、合併して新しい市になり、市の形もよくなった。でも、名物もなくパッとしない所は変わらない。

　一人市の指導主事の仕事は、並の量ではない。学校の教育活動、あらゆる教育課題、事件の相談処理、研修会の企画・実施、教科書採択、就学相談、教育委員会議への出席等々、全てが自分の仕事である。都で開催される、10近くある担当指導主事会は全て参加しなければならない。都の課題は、すべて私の口を通して全市に伝えられるのである。この忙しさは、全く予想外であった。正に、「たかが指導主事」である。しかし、私がいなければ、都と市の教育行政と学校とのパイプは断たれ、何も市には伝わらない。「されど指導主事」の部分である。5年間、誠心誠意働いた。独楽鼠のようにである。かつて、あまりの忙しさに1年もたなかった人さえいたと聞いた。長くても3年である。私は最長不倒の記録を作った。この記録を作ったことを、今でも誇りに思っている。

> 指導主事の仕事

　指導主事を受験する時には、理科担当の指導主事として、都区市の理科教育を引っ張るつもりだった。その思いは、完全に崩れた。

　しかし、人生を振り返った時、この時期が一番、吸収・成長した時だったと思える。事実、東京都の全ての課題・施策を一身に受け、

| 苦しみと喜び |

消化し、伝達することの重みと、その充実感。そして、国・都の課題は何かを確実に受け止め、市の具体的な問題と結び付け、対峙し、学校と一緒になって解決していく、その苦しみと喜びは、一人市だからこそ味わえたものである。

| 学校の正常化 |

その時の、市の最大課題は、青少年の健全育成であった。国も同じであった。もっと生のコトバで言えば、校舎破壊、校内暴力、対教師暴力への対応であり、それを如何に解決し、生徒を健全に育てるかであった。授業の向上はさておき、学校の正常化が一番であった。小学校教師しか経験のない私は、中学生の問題行動への対応に、初めのうち、全く手も足も出なかった。だから、中学4校の生活指導主任の力を借り、その対応を、そして予防のための策を、昼夜練ったものである。他市の学校から生徒が押しかけて来た時どうするか。校内のいたずら書きや窓ガラスが破損した時どうするか。更に、無断宿泊、不純異性交遊、煙草喫煙・シンナー吸引等。当時は、手をつけられない未解決の課題が山積していた。

| 積み木の箱 |

丁度、テレビで『積木くずし』と言う家庭内暴力、家族崩壊、家庭内崩壊を描いた番組が評判になっていた。そこから「校内暴力」にエスカレートし、逃げ回る教師の姿が面白おかしく、しかも哀れっぽく、ドラマで放映されていた頃である。敢然と立ち向かう教師、逃げ回る教師、問題生徒に迎合する教師。校内での教員の対応がまちまちなことにつけ込まれ、暴力行為がエスカレートしていった。

| 一枚岩 |

様々な解決事例から、学校・教師が一枚岩になって、毅然として、しかも愛情をもって生徒に当たることが問題解決の糸口であることが、少しずつ、少しずつ浸透していった。と同時に、生徒の話を聴き共感していくことの大切さが、教師に分かってきた。

| 臨教審 |

臨時教育審議会が、この問題を集中審議していた、昭和の終わり頃である。その渦中に指導主事として立たされていたわけである。教育相談の研修会の講師を頼まなければいけないが、誰も知り合いがいない。誰も来てくれない。都立の教育研究所の指導主事は、前年度の内に日程が決まっている。何回も何回も、ダイヤル式の電話を廻し、指先が痛くなるほど電話しても受諾の返事はない。この時ほど、自分の人脈や交友の狭さを感じたことはなかった。

自分は理科教育だけの、理科バカにはなるまいと思ってやってきた積りであったが、この時、「他のことは何も知らない」ということを思い知らされた。その時の辛さは、言葉に表せない。だから、「引き受ける」と言ってくださった講師の方への感謝の気持ちは、今でも忘れられない。

《コメント》
　今は高齢となり、「老害になるから」とお断りすることが多いが、新任の指導主事さんからの講師依頼には、出来る限り引き受けるようにしている。新任の声が分かるのである。電話の声が、かつての自分の必死さに、重なるからである。
　指導主事は、教科・領域の専門家でなくてはならないが、一方で、幅広い人間関係と、何事にも関心とねばり強さをもっていなければ務まらない。
　地方教育行政法の条文に、指導主事は、「学校教育に関する専門的事項の指導に関する事務に従事する」、とある。さらに、「教育に関し識見を有し、学校教育に関する専門的事項について教養と経験がある者でなければならない」、と記されている。その通りだが、その意味の奥深さが分かるのに、数年かかった。

> 事務に従事する

3．指導主事は YES から入り、隙間家具職人に徹する

　充て指導主事の専門性は、もちろん自分の専門の教科・領域である。しかし、そんなことは、「当たり前」のことである。それだけやっていればよいのなら、何も指導主事でなくてもできる。それは指導主事としての「柱」であり「軸」である。その軸を中心にして、あらゆることに関心を示し、学校と教育委員会との間をつなぐパイプ役となることが指導主事の専門性である。そのためには、何にでも、あらゆることに関心を持つことだ。
　かつて新任指導主事時代に、役所で親しくなった、ある担当の係長が「役所の仕事は、NO から入る」と教えてくれた。「それは、私の担当ではありません」「その権限は、私にはありません」「それは、○○の係です。そちらの窓口に行ってください」と。今、そん

> NO から入る

な役所はなくなったと思うが、彼は親切心から役所で生き延びるためには、「NOから入る」ということを教えてくれた。

 言葉を継いで彼は言った。「先生を見ていると、いつもYESから入っている」、「どこにそんな権限があるのですか」と。私は、ナルホドと思った。しかし、「じゃあ、この問題を、この困っている学校を、この悩んでいる子どもに誰が手を差し伸べ、誰が救うのですか」。「救えなくてもそれをやるのが指導主事の務めではないのですか」と。私は主張を変えなかった。

 若気の至りかもしれないが、今でも決して、間違ったことを言ったとは思わない。もし、裁判沙汰になった時に、権限もない人間がなぜやった、と言われて、罰せられてもいいと思っている。それが私の使命だ、と思っていたからである。

 今は、そんな無茶をする気力も体力もないのが残念であるが、今でも、その気持ちは変わらない。

 それは、きっと亡き母のDNAを受け継いでいるからであろう、と思っている。母は、明るく優しい主婦であった。しかし、芯のある伝道師でもあった。

《コメント》

 以下は、ぶっ倒れる寸前のような毎日の生活指導の中で、教育相談室からの依頼で書いた、田無市（現：西東京市）教育相談室報である。

 平成11年6月発行の多摩研所報「床屋さんのカウンセリングマインド、パートⅡ」のタネ原稿とも言えるパートⅠに当たる文である。相談主事という名称は、誰が付けたか覚えはないが、兼務発令が出ていた覚えはない。室報に書くための方便だった気がする。

脚注:
- 権限
- DNA

(1) 田無市教育相談室報

床屋さんのカウンセリング・マインド

昭和62年（1987）12月7日発行
田無市教育委員会教育相談主事　角田　元良

　10数年来通っている床屋さんのことである。学生時代にバスケット選手だったという長身のマスターに頭を洗ってもらう時の気持ちよさは格別である。太いガッシリとした指がザクザクと髪の根元にもぐりこみ、程よい力で石鹸を泡立て、シャワーの水を髪にたっぷり含ませて洗い流す。手早く拭き取った後、トニックをふり注ぎ、頭皮を軽く叩いて刺激を与え首筋から肩へ流れるようにマッサージが続く。体も心も揉みほぐし、しばし陶酔の境に入らせてくれる。その手さばきの鮮やかなことは、真にプロの仕事師そのものである。

　彼はお喋りでも寡黙でもない。瞬時に、その日の客の状態を見抜き、疲れていると思えば、黙って眠りに誘わせ、目を覚ますと客にあった話を仕掛ける。驚くことに一月以上たった前回の話題を覚えていて「この間の旅行は如何でしたか」などと聞いてくる。旅が好きだと知ると温泉の話、ゴルフならグリーンの話、釣り・カラオケ……。そして、話の誘いをかけておきながら、やがて決まって客が話題の中心になり、主人は相槌を打つパターンとなる。ときたま彼が中心になる時は、ほとんどが失敗談である。それでいて卑屈にならず、悠々と調髪し、ひげを剃り、床を掃く。

　インターンの若い女の子が来たときのことである。いつものようにマスターに調髪してもらい、洗髪のところでインターンに代わった。細い指で撫でるようにシャンプし、円い櫛で頭皮をゴシゴシとこする。泡は出るが、いつもの爽快感がない。水が首筋に伝わり耳の中に入る。息苦しくなったところでやっと終わる。フーッと小さく聞こえないように溜息をもらす。だが、耳の中や額の辺りの水気はそのまま。それが、かゆみに転じてジリジリし始める。と、マスターが代わって、サッと新しいタオルを頭に当て、耳朶の中の水を拭き取り、髪の湿りを取ると同時に、額の水気を拭き取った。客の心を見抜く眼と優れた技能との融合に、カウンセリング・マインド

― プロの仕事師
― 話題
― 見抜く眼と技

を見るおもいであった。

《コメント》
　この相談室報は、他区の指導主事から増し刷りして使わせてもらってよいか、との問い合わせがあったくらい好評であった。当時、「カウンセリング・マインド」という言葉が、教育界で流行り始めていたが、専門家の解説は、あまりにも専門的過ぎて馴染みのない用語が多く、現場の教師には理解しにくかったからであろうか。その理解・普及に苦慮していたところに、たまたま、この文が目に留まったのであろう。
　自分自身がカウンセリングしてもらいたい程の状況だったので、書けたものであろうが、なんということはない、当たり前の日常にあることである。
　その翌年、また教育相談室報の依頼があった。映画『男はつらいよ』のシリーズは、渥美清さん演じる寅さんが大人気で、盆暮れの映画館は超満員。何であんなに人気があるのか。時代が求めていたのだろう。いちご大福に出会った時に似て、このミスマッチが人気の秘密なのかもしれない、と思った。そこで書いたのが、次の文である。どうつなげるかは、読み手次第のお楽しみです。

(2)　田無市　教育相談室報

寅さんといちご大福

　　　　　　　　　　　　　　　昭和63年（1988）12月12日発行
　　　　　　　　　　　　　　　教育相談主事　角田　元良

　いちご大福というお菓子を食べたことがありますか。大福の中に、丸ごと一個いちごが入っているものです。初めてそれを聞いた時、そんな物は到底食べられるしろものではないだろうと思ったものでした。しかし、一口かぶりつくと、あんこの甘さといちごのさわやかな酸味とが合わさって、もののみごとなハーモニーが、かもしだされるのです。
　いつぞや、伊賀上野で買ったいちご大福は絶品でありました。白あんに囲まれた大粒の赤いいちごが、品のいい薄皮のもちに包まれ

て、舌の上でとろけるようなうまさでした。

　さて、葛飾は柴又、超人気映画でおなじみの「フーテンの寅さん」ですが、寅さんを演ずる渥美清さんの演技力の素晴らしさは定評のあるところ、あの四角い顔に小さな目、ちょっとキザで、おせっかい、わがままでいてにくめない寅さんの個性は、渥美さんの巧みな演技によって、回を重ねるごとに育ってきた、素晴らしいもので、多くの人の共感を呼んでいます。

　しかし、寅さんだけであれだけの面白さとテンポのよさは出てこない。広々とした河原にゆったりとした江戸川の流れ、そして、帝釈様とその参道に並ぶお店、とらやのおいちゃんとおばちゃんとさくら、和尚さんと町工場の社長といった、いつも変わらぬ風景と人間関係という環境の中に、新しいマドンナが加わって、初めて、寅さんの個性が豊かに引き出されてくるのです。

　教室に、少年寅さんがいたらどうでしょう。いちご大福のいちごのように、見事にとけ込み全体で調和しながら、豊かな個性を引き出せるでしょうか。「寅さん」の持つ魅力の秘密を、教師の目で見つめ直してみたいものである。

4．指導主事の異動　　地下に潜る指導主事

　田無市での1人市としての仕事は、まだ続く予定だった。次の年度から、2人市となるので、先任（先に任ぜられた人である）として、残って欲しいと言われた。しかし、私は、異動を希望した。昭和63年43歳の時であった。

　折角、田無の教育が軌道に乗ってきた時期なのにと、思わないではなかったが、新しい2人の指導主事で、市の教育を発展させてほしいと思ったし、元号が平成に変わり、私も変わりたいと思ったからかもしれない。心の底には、教育研究所で理科を極めたい、という気持ちが働いたのかもしれない。

人事部

　ところが異動した先は、人事部の試験室であった。その前年の昭和62年、新任教諭採用試験問題の漏えい事件があり、そのためにできた東京都教育委員会教育長直轄の部署であった。今まで、人事部に指導主事を置くということは、なかった。指導主事は、あくまでも、指導部所管のものである。人事部に指導主事を置かざるを得ない程の、重大事件だったのである。

　仕事の中身は、小学校課程の選考試験問題作成等を束ねる仕事である。職務上の秘密が今でもあるので、詳しくは言えないが、指導主事らしくない仕事をすることになった。理科担当指導主事としての夢は、ここで完全に断たれた。

　しかし、東京都の教育委員会教育長の直轄の部署で、その年々の最新の施策を直接聞ける立場を得られたことは、後の人生で大きな収穫であった、と今は思える。その上、問題作りの真髄を徹底的に叩き込まれ、言葉・文字へのこだわりに、気付かせてもらえた。すごくよい勉強になったと感謝している。

潜る

　教員たちの前で仕事をするのではなく、地下に潜った、本来とは違った指導主事の仕事に、赴任した当時は、大きな戸惑いを感じていた。そんな時、多摩事務所のО指導課長からこんなことを言われた。

45歳

　「45歳のとき、どの部署にいて、どんな人と巡り合い、どんな仕事をしているか、それで、その人の進路がある程度決まって来る」と。「あと退職まで15年ある。3年刻みで5ヶ所、5年刻みでも3ヶ所回れる。3ないし5回転身し、大きく飛躍する可能性があるのだ」と。私は、その後、4回転身した。計らずも、その課長の予言が的中するかのように。

　しかし、その時は全く先が見えなくて、45歳の私は、濃い霧の中を彷徨っている感じがしていた。

　その時代、辛かったことは、外部の世界との接触を完全に断たれたことであった。その時から、理科との縁が切れたのである。

　「疑いを抱かせるような場面を作ってはいけない」。読んでいる本は、他人に分からないようにカバーを付ける。大勢の仲間と飲むことの禁止。まして2人だけは絶対だめと、厳しく禁じられた。疑義が生

専門家への道を開け

じた時の証人がいないからである。もちろん学校訪問や指導訪問はなし。行くことも禁じられ、指導の場のない、指導主事であった。

　学校に行かない、地下に潜った指導主事の時代であった。

　しかし、当時、臨時教育審議会委員として活躍され、国の教育政策に大きく関与されていた東京都教育委員会のMN教育長さんの下で仕事ができたことは、物事を大局的にとらえる見方や、これからの国の方向・有り様を考える上で、自分を肥やしてくれた期間であった。しかし、それと気付いたのは、ずっと後になってからのことであった。

大局を見る

　作家の五木寛之さんが、「朝顔が咲くのは、朝日に当たったからではなく、漆黒の夜を過ごしたからだ」と何かの対談で話していたことを思い出した。

朝顔

40代後半のキャリアアップ

いばらの道を切り拓け

1．指導室（課）長の面接　圧迫面接……………………65
2．指導室長の仕事　闘う指導室宣言……………………67
3．校長への道　校長が変わるということ………………69
4．学校を開く　学校要覧は誰のもの、夜の展覧会……70

1．指導室（課）長の面接　　　圧迫面接

　人事部試験室での潜伏生活は3年で終わりを迎える。時は、平成4年（1992）である。その年の1月下旬から1か月間、茨城県つくば市にある国立（現：独立行政法人）教員研修センターで校長対象の中央研修を受ける機会をいただいた。47歳になったばかりの時である。

筑波研修

　これで校長になる切符が取れたと、内心、嬉しく思ったものであった。

　研修センターでは、法規の演習と共に、国内の第一線の教育学者・教育実践家や企業経営者からの講話を聞くことができた。その上、全国から集まった校長・教頭さんたちと交流し、情報交換できたことにより、新たな眼を開かせてもらえた。各地の卒業式等の事例を聞くに及んで、ところ変われば、斯くも異なるものか、と驚かされたことであった。そして、ここでの知見をもとに、学校経営に臨もうと、胸ふくらませていた。

　その矢先。こともあろうに、N区の教育委員会から呼び出しがあった。指導室長面接に来るようにとの指示である。つくば市での研修受講中である。研修センターには、受講期間中に抜けることは認められないという内規があった。難航の末、都教育委員会の要請もあり、半日の出所が許可され面接に臨んだ。

　実は、この研修に来る前、12月下旬に都教育委員会で、室長面接の一次試験を受験してはいたのだが、もう校長待遇の中央研修を受けている最中だし、まさか、区市からの呼び出しは、ないだろう

と内心安心していたところであった。

　区での面接は、都に比べると「顔会わせ」といった雰囲気で、雑談で終わった。これは、割り当て消化の面接だ、と感じた。

　区の室長面接は通常2人呼ばれる。大体どちらかに決まっていて、一人は、当て馬である。その面接は、軽い雑談で終わることを内々に聞いていたから、終わった時ホッとして、何も往復4時間もかかるつくば市から呼び出さなくてもいいのに、と思ったくらいだった。

　思い返すと、都での面接は厳しかった。普段、秘密文書の決裁等で、よく接していた部長ばかりなので、こちらは気楽に臨んだのだが、矢継ぎ早の質問が次々に飛んできた。各部長からの主設問は、たった一問きりである。

　A部長は、「学校と行政の違いは何か」と問うてきた。ラインとスタッフの関係だ、と答えると、どちらがいいか。区部と市部のどちらをやりたいか、その違いと訳は、と矢継ぎ早に畳み掛けてきた。

　B部長は、一つ答えると、「他には」、という。さらに答えると、「他には」と、この繰り返しである。万策尽きて、「今の段階ではここまでしか考えられません」と答えて、やっと終了となる。

　C部長は、「そんな策で大丈夫ですか」、「今までもやってきたことじゃないか」、「それを繰り返しても効果はないんじゃないか」、「考えが甘いね」。と、いわゆる、圧迫面接を仕掛けられた。こんな否定的な態度の面接を受けたことは、今までになかったので、面接終了後は、イヤな気分であった。

　後日、C部長とすれ違った時、「ああいう面接の仕方があるんだよ。質問している方も、イヤなもんだよ」とポロっと漏らされた。

　役割分担で、そのくじを引いてしまった面接官のご苦労を、思い知ったことであった。この種の面接手法を経験したことは、私にとって、以後、役立つものとなった。

　何事も経験である。知らなければできないことを学ばせていただいた。

　研修センターに行く前に、そんな経験を経ていたのである。

　そして、国立教員研修センターの研修が2月下旬に終わり、3月下旬に面接の結果が出た。あり得ないと思っていた、N区教育委員

室長面接

会指導室長の内示が下ったのである。人事部試験室と言う闇の世界から、いきなりスポットライトの当たる世界に出ることになってしまった。異動は突然。ヒトゴトは、予期せぬことばかり、地獄から、更に、奈落の底へ。暗く不安な思いを抱えて、着任の日を迎えることになった。

奈落

２．指導室長の仕事　　闘う指導室宣言

　東京には、23の区がある。かつては特別区として、東京都知事の下にあり、庇護も受けられていたけれど、そのために自治権は制限されていた。逆に、多摩地区の市の首長の方が都知事並みの強い権限を有していた。しかし、財政基盤の弱い地域が多く、国・都からの補助を受け、それが弱みとなっていた。

　平成4年（1992）4月、N区の指導室長に任命された。47歳であった。人口約70万人、小学校69校、中学校34校、幼稚園5園（当時）という、都内でも1、2を競う規模の、区部と市部との境界にあるマンモス地域である。あの研修センター受講期間中に呼び出しのあった区である。学校・幼稚園の合計は108、丁度、煩悩の数である。悟りを開くには程遠い我が身にとって、着任の日から煩悩が大波となって押し寄せて来た。

煩悩の数

　初日は、「礼服を持って7時に出勤すること」、と伝えられていた。家から1時間半近くかかるのに、当然のごとくの命令である。指導室長は、区の課長職なので、当然のことではある。役所に到着と同時に、辞令伝達が始まる。自分のではない。区の幹部職員として、8時から職務に就く教育委員会新任職員の辞令伝達のためである。自分の辞令はまだ出ない。その前に他人の発令に立ち会うのである。その数が、半端ではない。給食・用務主事等、各校一人でも100人を超す。全く知らない人々の伝達が次々とある。昼前になって、区長からやっと、自分の辞令が手渡された。そのあと、各部署の幹部職員に挨拶回りをする。手元に20数枚の名刺が残って、長い一日が終わった、と思った。ところが、まだ解放されない。礼服を脱いで、新規採用教員に対する宿泊研修に、千葉県岩井の施設に教育長の車で同行するのである。車中で、教育長さんから直々に現下の区

辞令伝達

いばらの道を切り拓け　　67

の状況についてのレクチャーを受ける。施設到着は22時を回っていた。

2日目の朝、教育長の挨拶の後に講話をしなければならない。新採教員への期待や教職についての心構えを述べるのであるが、これまでの蓄えが勝負である。そして、夕方には、電車で役所に戻り、指導室各係から、当面する事項のレクチャーを受けた。

超過密スケジュールで、頭は、おもちゃ箱のような状況であった。

かつて田無市（現：西東京市）の指導主事時代に、室長の隣に座っていて、その仕事ぶりを間近に見ており、室長だけはなりたくないと思っていた。たった13校しかない田無市でも次々と事件・事故があった。一つの事件・事故を解決させ、終結までもっていくのに最低1か月くらいかかっていた。教職員の人事異動も厳しい。

ここN区は、学校数が桁違いだ。事故の数も、区民の数も田無の10倍近くあり、その覚悟をしなければならない。そして、その覚悟通りだった。しかしお蔭さまで、そんな覚悟の下で過ごした3年間は、児童生徒の死亡事故がゼロであった。それは、奇跡的なことであり、運がよかったとしか言いようがない。

事故は、毎日毎日よくもこんなに、と思うほどあった。大型トラックに巻き込まれた中学生、プールの逆飛び込みによる頸椎ねんざ。屋上からの転落事故。どれも奇跡的に全快した。

事件は、着任したばかりの1年目に集中して起きた。パソコンの入力項目に偏差値を入れるかが焦点であった個人情報保護審議会。そこでの答弁は5月の連休明けから始まって、6月議会終了までかかって、やっと決着がついた。議場の裏階段を議長と共に駆け下り、待機させておいた車で脱出する、という際どい決着であった。7月に入って、落ち着けるかと思っていたら、岩井にある臨海学園の施設で、海への油流出が見つかり、現地視察と土嚢（どのう）づくりに駆り出された。更に、校長先生方の伊勢地方への視察と出張旅費問題での議会追究。締めは、給食室からの火災。目まぐるしく、とてつもなく大きな事件が、目白押しに発生した。その終結に、ものすごい労力がかかった。

しかし、一年目を乗り切ると、不思議に落ち着いてきた。2、3

> 訓話

> 超過密

> 事故

> 奇跡的

> 個人情報

電話で第一報

年目は、多少の事故や事件はあったが、ドンと構えて、初期対応の迅速・確実化に徹した。そのために、取り敢えずでよいから、事故が起こった時には、すぐ電話で第一報を入れてもらうよう学校にお願いした。

教育委員会は、決して梯子を外さない。学校と子どもを守る、と機会あるごとに訴えた。それが「闘う指導室」の所以である

教育委員会は、何のためにあるのか。子どもがいて、学校があり、それを守り、子どもたちが充実した学校生活を送ってもらえるようになるために存在するのである。学校との信頼関係を築き上げることが、事故を最少限に食い止める。

その砦に指導室がなる。

「闘う指導室宣言」が功を奏した結果であった。

3. 校長への道　　校長が変わるということ

指導室長の3年の年季があけて、文京区の校長になったのは、50歳になった直後であった。その所属先が分かったのは、一般教員の異動と管理職の異動内示が全て済んで、一段落した後であった。実は、直前まで、ある重要なポジションの異動について文京区とトラブルになっていたことがあり、文京の教育長さんと、ちょっと気まずい関係になっていた。発令内示のとき、すぐそれが気になった。

歓送迎会

着任して1か月程した、学校・PTAの歓送迎会に、その教育長さんがお見えになった。こともあろうにその席上の挨拶で、「少し前まで角田校長さんとトラブっていたんですよ」と、いとも軽く話された上で、「そういう仕事熱心な方を文京にお迎え出来てよかった」と、締めくくってくれた。

教育委員会の立場でトラブルになっていたことと、現在の職とを、きちんと分けて考え、保護者に安心感を与えてくださった教育長さんの姿勢と度量の大きさに感謝し、感心したものであった。

花束

S小学校に着任した日のことは、今でも忘れられない。玄関で女性から立派な花束が贈られ、全教職員が職員室で拍手と歓迎の歌で迎えてくれた。こんなことは、教員として在籍していた今までの学校にはなかった。何人かの幹部職員が、迎えたことはあったけれど

も、全教職員というのは初めてであった。後で分かったことだが、先ほど花束をくださったのは、PTAの役員さんであった。さすが文京区だ、と恐れ入ってしまった。

　この学校のために、全力を尽くさなければ、と強く思ったことであった。

　昼食会の後、地域の町会長さんたちの所に挨拶に伺い、4時頃学校に戻って懸案事項を教頭さんから聞いた。その時、「前年度から不登校児が一人いて、なかなか関係がうまく取れない」との報告を受けた。引き継ぎの時に前校長先生からも伺っていたので、「すぐに児童の自宅に行きましょう。留守でもいいから」と、すぐに出かけた。予想通り、不在であった。教頭さんは「帰りましょう」と言ったが、私は、折角来たのだから、「挨拶代わりに名刺を置いていきます」。と、教頭さんが作っておいてくれた新しい名刺の裏に、「新任校長として挨拶に伺った」こと、「いつでも学校へご連絡ください」と、日時を書き添えて、ポストに入れて、学校に帰って、初日が終わった。

　その子が、始業式に来た。昨年度のことが、何もなかったかのように……。それを確認して、ホッと胸を撫で下ろしつつ、校長としてやっていける、という手応えと言うか、確信のようなものが湧いてきたものであった。

　自宅に訪問すること、機を逃がさずに伝えることが、学校への信頼を変え、子どもと家庭とを、学校に惹き付けることになる。「校長が変われば、学校が変わる」「校長が変われば、保護者・児童も変わる」ということを感じたときであった。

4．学校を開く　　学校要覧は誰のもの、夜の展覧会

　平成元年から新しい教科、生活科が始まっていた。校長に着任した平成7年度は、新学習指導要領が先導的に試行され始めた時であった。今回の改訂の目玉は、「総合的な学習の時間」の新設であり、自ら学び自ら行動する主体的な子どもの育成を目指していた。生活科は定着し、やや定型化し始めて来た。

　終戦直後、昭和22年の学習指導要領の試行版では、自由研究が

[傍注] 不登校児対応　名刺の裏書き

入り、日本の教育が大転換することが求められていた。しかし、教育の急速な転換は、簡単にはいかない。数年のうちに、這いまわる経験主義と批判を浴び、定着を見ないまま改訂され、学習指導要領の本格実施の昭和33年には、学問の系統性を重視した、学力の定着に、より重点が置かれるようになっていた。

以後、学力観は、振り子のごとく、経験主義と系統主義との間を行ったり来たりする。それは、歴史的な事実である。

平成元年導入の生活科に続いて、平成10年の学習指導要領改訂で、総合的な学習の時間が入り、学力観が、経験主義に大きく傾いてきた。この背景には、現代学校教育における病理とも言える、いじめ不登校増加の問題があった。子どもにゆとりをもたせることが、その解決につながると、総合的な学習の時間の導入に期待をかけた。世論もその考えに賛成の意向を示していた。

平成20年の今般の改訂により、授業時数の増加が図られ、総合的な学習の時間は大幅に減少した。やむを得ない選択ではあるが、またも学力観がぶれ、系統主義・知識注入主義の復活かという心配は強かった。中央教育審議会（中教審）の答申を受けた文部科学省は、詰め込みかゆとりかの二者択一ではなく、両立の考え方を前面に押し出したものであるとした。しかし、2003年のPISAショックの回復に向けて、学力向上を最優先する立場を鮮明にせざるを得ない事情も、現実として厳しく受け止めなければならない。PISA（OECD生徒の学習到達度調査）の結果は、日本の子どもの学力低下が著しいことを示していた。特に、読解リテラシーの低下が、顕著であった。

平成7年の校長就任時に話を戻したい。私は、各教科の基礎・基本の指導は大事にし、確実に理解を深めながら、その延長線上に「総合的な学習の時間」を捉え、体験的な活動を重視する方針を打ち立てた。具体的には、学年の発達段階を考え、町の歴史や自然探索から、区内探索へと範囲を広げることを提唱した。学習においても、外部人材を導入し、支援してもらうだけでなく、ティームティーチング（TT）として、複数の指導者による授業実践を熱く語った。その考え方を教職員が理解し、それを児童に伝え、更に保護

＊PISA…経済協力開発機構（OECD）の加盟国を中心に実施されている15歳児の国際的な学習到達度調査。2000年の第1回調査から3年ごとに読解力、数学的リテラシー、科学的リテラシーの三分野について調査が行われている。2003年調査（2004年発表）は、日本の順位が急落し、「PISAショック」と呼ばれた。

者・地域に広めた。

①《学校要覧をビジュアル化し、がっかち板を作る》

　学校の考えを保護者・地域に広める方策として、学校要覧を全面改訂し、子どもたちの活動の様子を写真入りでビジュアル化し、各家庭に配布することにした。それまでの学校要覧は、外部に配布する文字と数字だけのものであった。学校要覧は誰のためのものか、素朴な疑問から生まれた提案であった。 　要覧

　さらに、学校での子どもたちの様子を知ってもらうため、道路に面した校舎の壁面に、掲示板を設置した。学校・家庭・地域を結ぶ掲示板だから、「学家地板」とし、「がっかち板」と名付け、児童の手づくり新聞などを掲示することにした。 　掲示板

　今では、どこの学校でも、正門付近に掲示板をあり、学校だより等を掲示するのが当たり前になっているが、当時は大胆な発想と驚かれたものであった。

　ビジュアル化した学校要覧は、校長が家庭との連携を訴えて全校参観時に、各家庭に手渡した。そのパフォーマンスに教頭さんもびっくりしたものであった。教務主任会では、要覧を校長が勝手に変えてよいのか、話題になったと聞いた。

　要覧の作成は、問われるまでもなく校長の権限である。校長には、多くの権限がありながら、学校現場は、今までやってきたことを踏襲する意識が強く、改善・改革が進んでいないと、この時感じた。この意識を変えていかなれば、「総合的な学習の時間」の設置も効果が上がらず、短命に終わるのではないかと、心配がよぎった。

　「それではいけない」、と家庭・地域社会との連携を一層重視した。

②《夜の展覧会》

　学校を開くということで、今だに忘れ難い行事がある。それは、《夜の展覧会》である。どうしてこんなことを思いついたのか、自分でも思い出せないのだが、《夜の展覧会》をやりたい、と思った。1つには、2年に一度しかやらない展覧会で、先生方が必死になって計画し指導した割に、保護者に見てもらう時間が短すぎると思ったこと。学芸会や音楽会は、夜やるわけにはいかないが、展覧会なら、監視の人さえいれば、教職員がいなくても大丈夫である、と思ったからであろう。

　当時、S小学校では、3日間展覧会を開催していた。1日目は、児童鑑賞日、2,3日目の金・土曜日が、保護者鑑賞日になっていて、朝の9時から夕方4時までの開催時間であった。母親や祖父母は、何とか見に来られるが、父親はなかなか見られない。土曜日が、休日の人ばかりではない。休日ぐらい、ゆっくり休んでいたいというのが父親の正直な気持ちもよくわかる。汗を拭き拭き駆けこんでくるお父さんの姿を見て、我が身につまされたことも理由だったかもしれない。何とか先生方に頼んで、私と教頭さんが監視役になって夜の展覧会を開催した。勿論、管理職だけに任せるわけにはいかない、と多くの先生方が残ってくださったが、保護者が今までより多く、鑑賞に来てくださるという保証は全くなかった。

解説する子

　ところが、蓋を開けてびっくりした。夕方、児童が、一族郎党を引き連れて来るのである。ぞろぞろと絶え間なく来る。そして、自分の作品は勿論、友達の作品、他学年の作品を丁寧に解説するのである。あたかも担任の先生が解説しているかのようにである。涙が出るほど感激した。そして、帰る時に、保護者が口を揃えて、「校長先生ありがとうございました」と言ってくれる。普段数枚しか入っ

アンケート

ていなかったアンケート用紙が、ごっそりと入っているだけでなく、びっしり書かれている。兎に角《夜の展覧会》は素晴らしい。

　体育館が、本物の美術館に代わる。いや、それ以上に、子どもの作品が、体育館の薄暗い明かりに映える。昼間の逆光とは全く違った、幻想的な雰囲気の素晴らしい会場に変身する。モーツァルトの曲が静かに流れる中で、子どもたちの作品が見事に輝く。

いばらの道を切り拓け

条件が整えば、是非実行されることをお勧めしたい。労少なくして功多し。学校の株が、格段に上昇した企画であった。

　学校には、まだ、気付かれていない魅力が、沢山あるのではないだろうか。その魅力を、引き出すのが校長の仕事かもしれない。

　以下の文は、これらの経験を基に、関東ブロック小学校長研究協議会埼玉大会で発表したものである。学校の体質を変えたいと思う、一心であった。

労少
功多

(3) 発表原稿
第49回 関東甲信越地区小学校長研究協議会埼玉大会

指導体制を生かした教育活動
保護者や地域社会の人々を授業に取り入れた協力指導体制の試み
文京区立Ｓ小学校長　角田　元良

　臨教審の答申から10年、学校週5日制を始めとする具体的な改革が実施され、学校教育が少し変わってきた。しかしながら、まだ学校の保守的な体質は、そんなに大きく変わっていないように思われる。この体質が変わらないと、教育改革の柱である「個性を伸ばす」ことは出来ないし、今般の中教審の答申にある、「生きる力」、「ゆとり」、「自分探しの旅」などということも、言葉遊びに終わってしまいかねない、と思っている。

　学校週5日制の完全実施は、21世紀初頭になるとの答申が15期中央教育審議会から出たが、保護者の週休2日制が益々進行する中で、学校のスリム化、学校依存体質からの脱却に、積極的に取り組まなければならない、と指摘されている。それには、学校が指導力を発揮して保護者を学校に取り込むことが必要である。

　そこで私は、この発表の中で、
　まず、学校経営上の課題・その背景を明らかにした上で、その課題解決の一つの方法として、協力指導体制を生かした、教育活動が必要であると考え、
　文京区における、協力体制の実態を簡単に述べ、その後、協力指導体制についての考え方を少し変えることによって、学校教育に風穴があき、教育改革や教師の意識改革につながるのではないかということについて話すこととする。
　それは、保護者や地域社会の人々を授業に取り入れた協力指導体制の試みである。更に、そこから出てくる課題に触れながら、今後の方向性を述べる。

余白注:
保守的体質
言葉遊び
意識改革
40代後半

1．学校のもっている保守的体質の改善

　学校のもっている保守的体質とは、①閉鎖性、②硬直性、③画一性である。

　現在の学校は相変わらず地域に対して、閉鎖的であり、家庭、学校、地域の協力が十分とは言えない状況である。また、児童の能力・適性に応じた柔軟な指導についても、一斉・画一の指導になりがちである。このように学校の意識改革は相変わらず遅く、低い状況と言わざるを得ない。

> 閉鎖・硬直・画一

　この学校の意識改革が、教育改革の最大の課題である。そして、このような状況に、外部からの改革を求める声が以前より、更に強くなっている。

　その背景には、保護者の高学歴化が進み、専門的職業の保護者が多くなっている中で、学校に起因して発生する、いじめや不登校が依然として解決の方向に向かっていないことに対するいら立ちがある。少子化が進む中で、子どもへの期待が益々増大している折から、保護者にとって、学校は頼りにならない存在に思えてきていることが挙げられる。

　さらに、学区域の弾力化など規制緩和を求める声が強まり、教育行政も含めて、外部から学校が変わることを、強く求めてきている。

> 規制緩和

　これらの流れは、保護者だけでなく、地域住民も大きな関心を示しており、議会等での質問も、学校教育に関することが多くなってきている。以前は、学校のことは、教育の専門家である先生に任せておけばよい、と言われていたが、今や、教育のことを教師に任せてはおけない、という風潮が出てきている。例えば、いじめの対応や解決に見通しのもてる変化が出てきていないことに起因して、スクールカウンセラーの導入を求めたり、指導力不足の教員を排除するだけでなく、良い先生を求めることを目的に、児童や保護者が教師の通知表を付けることを要求したり、閉鎖的な学校の体質に対して、情報開示を求める件数が増大している等々の現象が、その証左である。

　この意識改革の方策の一つに、保護者や地域の人々を授業に取り

社会人講師 入れる学校ボランティアの導入がある。それは、社会人講師という名称に置き換えてもよい訳だが、もっと気楽に学校の手伝いをする、地域社会の人々と考えてもよい。

風穴 　学校ボランティアとの協力指導体制の確立は、教師の考え方や指導方法を変えざるを得なくなり、学校教育に風穴を開けることができると考える。

　学校行事における保護者の協力もその一つである。学校行事のねらいに沿って保護者に協力を依頼したり、その潜在的な能力を活用した学校行事を組む時代になって来ている。高学歴社会になって保護者の中には、様々な方面で活躍されている人が多数いる。学芸会での演出、演技指導、舞台装飾。また、音楽会や展覧会の専門的な指導・支援などの場面も考えられる。機会を作って、教師以外の人

活性化 を学校に取り込むことは、学校を開き、活性化につながる。さらに、協力活動は、子どもが意欲的に活動し、体験を深め、視野を広げ、日頃接している先生や親を見直し、自分の生き方や職業選択について考えるきっかけとなり、子どもにたくましく生きる力を身に付けさせることになると考える。

2．学校ボランティアTTの導入

TTの変化 　複数教員による協力授業（TT）は、昭和40年代に「指導の効率を高める手段」として脚光を浴びたが、急速に衰退した経緯がある。それが、再び登場してきたのは、今日のTTが「個性を尊重し、

個性の尊重 個に応じた多様で弾力的な指導の推進」へと変化してきたからである。

　学校は子どもを生かすところである。教師は、児童の個性を把握し、一人一人に合った指導を通して、児童自らが意欲をもって学べるようにする役割を担っている。しかし、学級担任が、全ての児童の個に応じた指導をすることは、至難の業である。普通TTは、担任とTT教員とによる場合や学年で複数教員が協力して行う場合が多い。しかし、TT教員は全校配置ではなく、学校も小規模化の傾向にある。そこに、学校外の力を導入し、家庭・地域社会との協力指導体制を作り、TTを推進していく意義が存在するのである。こ

れは、教員の意識改革と家庭教育の啓発とのカギを握る活動であると言って過言ではない。

文京区でのTT教員の導入状況は小学校21校中、県費は8名であり、他に、区費で非常勤講師を3名、週10時間ほど雇いあげている。

主な活動は、中学年の算数・理科でTTとしての導入である。この頃の学年の児童に、個人差が大きく表れてくるからである。しかし、学校配当のTT教員だけで、個性を尊重し、多様な活動を推進することは難しい。

もっとTTを、大胆にかつダイナミックに活用していかないと、その役割を果たしたことにはならない。そこで、保護者や地域社会の人々を学校ボランティアとして取り入れた、協力指導体制が必要になってくるわけである。

教員の意識改革

大胆な活用

3．学校ボランティアによる協力指導体制の具体的な内容

校外学習や学校行事における単純な労力奉仕的学校ボランティアの活用から授業内容に関わる協力指導体制まで、学年の発達や活動内容によって様々な活用形態が考えられる。

(ア) 校外学習での活用　労力奉仕的に活用
　　生活科での地域学習。高学年の社会教育施設の活用能力育成。
　　学校ボランティアとしての活用
　　図書館員、在住外国人、大使館員、博物館職員等

(イ) 校内研修会での活用　専門性の活用
　　学校行事に関わって、学芸会、音楽会、展覧会等の専門的な事項に関する知識・技能の支援を得る。演出家、照明演出家、舞台俳優等

(ウ) 横断的・総合的な学習の時間での活用　体験交流での活用
　　高齢者との会食、祖父母の体験談、昔遊び、等の指導

(エ) 教科指導における活用　専門性の活用
　　学校ボランティアと教師による協力指導体制。陸上部大学生の模範走法の見学・援助指導等
　　例：ハードル走、走り高跳び　等

4．まとめと今後の課題

　保護者、地域の方々を学校ボランティアとして活用する協力指導体制の試みは、教師が今まで以上に教育内容を検討し、学習形態を工夫して、児童の主体的で意欲的な活動を促すことになる。それは、授業改善の具体的な実践となり、教師の意識改革に多大な効果があると考える。しかし、実践を継続し、定着・発展させていくには、次のような課題がある。

　① 時間的なゆとりが必要であること
　② 学校ボランティアを確保すること
　③ ボランティア経費や報償費に関すること

　さらに今後は、保護者や地域の方々に、日頃から学校の教育活動をよく知ってもらうことが必要不可欠なことになる。そうでないと、いくら学校から学校ボランティア募集のお願いをしても、自分には特別な才能があるわけではない、と辞退してしまい、協力してもらえないからである。学校は、日頃の教育活動をいかに知らせるか、地域に知って頂くかが、次の課題になる。

〈平成9年(1997)6月18日発表〉

《コメント》

　平成23年度には、1年生の学級の児童数が、35人以下学級となった。他の学年は、40人が定数であるが、規制暖和により、地方分権のうねりの中で、特色ある学校として、やっと少人数学級が各地に生まれてきた。平成の初め頃には、まだ担任以外の教員や人を、学級にボランティアとして付けるという、発想はなかった。

　僅かな年月ではあるが、ここ数年の変化は目を見張るばかりである。これからはもっと多様に、地域の専門家や学生等が加わり、児童一人一人に合った指導形態が取られるのではないかと期待している。そうなったとき、また、学校とは何か、知識を学ぶことの重要性に加えて、新たな価値が付け加えられ、見直しを迫られる時が来るのではないかと思っている。タブレットPCの活用が、その変化を加速させるのではないかと期待している。（平成26年8月25日 記）

60代以降のキャリアアップ
人生これからが面白い
1．職 …………………………………………………… 80
2．人 …………………………………………………… 93
3．趣味 ………………………………………………… 95
4．食 …………………………………………………… 98
5．70代以降の生き方 ………………………………… 99

1．職

　70歳定年制が話題に上り始め、60歳で定年退職という時代は、間もなく終わろうとしている。体力と知力・経験知があり、望めばいつまでも勤められる時代が、もう目の前に来ている。少なくとも、65歳まで定年が延長される制度は、現実の問題である。昭和20年に生まれた私は、平成27年に70歳になった。従って、その議論の枠外だが、平均余命を考えると、これからあと10年以上もある。定年退職後の人生をどう面白くするか、真剣に考えなければなるまい。

　平成17年3月31日60歳をもって、私は38年間の教職生活を定年退職した。退職する直前になって、人生で初めて、これからの自分の進むべき道を選ばなければいけない、ということに気付いた。

　退職年度の8月上旬頃に、銀行屋さんが来て、「退職金を是非うちの社にお願いします」と。昔、どこかでお会いしたことのある元校長さんだった。「退職金をどうするか」全く考えていなかった。それ以上に、その銀行員さんが来て初めて、退職後に銀行に勤めた方は、こういう仕事があるのか、と気付いた。そういう目で見回してみると、教育委員会関係の相談員等は別として、私立幼稚園長、教材屋さん、教育関係出版社の研究所など、数は少ないが結構な就職口がある。私は、営業には向いてない、と自分で勝手に決め込んで、それ以外の職で、自分に出来るものがないか、その時に考えた。判断基準の一番は、自宅に近い所で、しかも、やっていて充実感を

［傍注］定年延長
退職金

感じて、そこそこ収入がある仕事というのを条件にした。
　人生、これからが面白くなる筈だと思ったからである。

(1) 60代以降の進路選択　　近い勤め先を選ぼう

職捜し
　そうだ、大学に行こう。団塊世代教員の大量退職に伴って、教員採用が急増している。実務家教員としてニーズはある筈だ。大学ならそんなに忙しくない筈だ。と、自分で勝手な理屈をつけて、銀行員さんが来たときから、そういう目で、大学探しを始めた。有った!!我が家から車で10分、電車でも一駅。川を渡った先にある千葉県の保育士と小学校教員養成を主とする女子大である。イキナリ飛び込み、という訳にはいかないので、先輩であり、教授をしていた先生に紹介をお願いした。早速、夏休みの後半に、副学長とアポが取れたので、事前に履歴書を大学に送るように、との返事をいただいたのは、電話でお願いをした1週間後のことである。急遽、市販の履歴書に経歴を書いて送った。

驚きの面接
　面接当日、先輩の教授に連れられ、緊張して副学長室に入った。眼鏡をかけた70代半ばの学者肌の物静かな副学長は、履歴書を元に簡単な確認をし、そのあと、紹介してくださった先輩教授もびっくりするような、言葉を述べられた。
　「分かりました」「学長とも既に話してありますが、教授として採用したいと思います」と、いとも簡単に言われた。
　そして、その後である。
　「附属小学校の校長先生をお願いします」と。

待ったなし
　「ちょっと待ってよ」「校長を定年退職して、すぐに私学の附属小学校の校長?」「少し休みたい」それに、「小学校となれば、教員構成がどうなっているのか、児童は、保護者は、どうか」など、知っておかなければならないことは、山ほどある。これから退職を控え、自分の学校の研究発表会やら、和歌山県での全国大会やら、やることは数えきれないのに、と思いながら、口から出てきたコトバは、「はい、よろしくお願いします」であった。指導主事時代の癖で、

返事はハイかイエス
返事は、「ハイかイエスか、よろしくお願いします」しかなかったのである。

《コメント》

　60代の前半は、まだ体力が十分ある。ただ、下り坂に差し掛かっていることは事実だ。それは、自分自身、自覚できているはずである。ただ認めたくないだけだ。

　疲れが取れない、階段が億劫になる、走ると息切れがする等、足腰が弱ってきている証拠である。更に、経験上からのことではあるが、63〜67歳頃は体調が急激に変化するように思う。仕事をして40年以上、心身を酷使しているのだから、何が起きても不思議ではない筈である。私が狭心症の発作を起こしたのは66歳の時。今まで、心電図の検査で、異常が出たことは一度もなかった。 　　　体力の低下

　「人間ドックで検査して、異常なしだから大丈夫」と、油断してはいけない。血管は弾力性が乏しくなり、壁面にヘドロがたまっているのは、間違いないことである。その上、血液はドロドロで流れにくくなっている筈である。その結果がどうなるかは、早世された先人を思えば容易に理解できる。 　　　ヘドロ溜り

　だから、これ以上、体を余分に酷使し、精神を消耗させる場所に就くのは危険である。仕事の内容にもよるが、せめて自宅からの通勤時間が短い所を選ぶべきだ。そのための選択を、計画的に考えていく必要がある。

(2) 履歴書等づくり、等の重み

　教授の採用にあたっては、大学の教授会の承認だけでなく、文部科学省の審査の上で、教授としての条件を満たしているか、担当教科が妥当かの、厳しい審査がある。その後に採用の決定が出され、年度末の教授会にかかって正式決定となる。

　面接から2週間ほどの内に、大学の書式に則った履歴書等を出さなければならないことになった。10月の全国大会を前に、必死で履歴書を書いた。その時、履歴書等の、等が曲者であった。等とは、今までに書いた論文の発行年月日と、共同研究者名、論文の要旨、更に代表的な出版物を数冊提出せよ、とのことであった。30代頃から書いた物を手当たり次第に書き連ねる。その時になって、論文として耐えられるようなものは、ほんの数点。後は、依頼原稿とし 　　　論文提出

て雑誌に書いたり、校内研究で書いた物程度しかないことに気付いた。

指導主事になってから多摩研究所長就任以前の14年間に、論文らしい論文は、埼玉で発表した関ブロ（関東甲信越地区）埼玉大会での論文1本しかない。忙しくてそれどころではなかった。また書いてはいけない時期があったことも事実ではある。しかし、14年もの間、ほぼ空白であったことに気付いた時は、愕然とした。

今、言えることは、「どんなに忙しい時でも、短くてもよいから、自分の専門に関わる文を、書き留めておくこと」を、心掛けることである。

むらなく、各年代に応じた文を書くことを、先輩として忠告しておきたい。中央教育審議会の場で、ある教員養成系の国立大学の学長さんが、「この頃、実務家教員として退職した校長先生が、教授として数多く採用されています。実務家教員が採用されることは、結構なことですが、論文がないのは困ります」と発言された。私は、その時、「本当に、一生懸命に実務をやっている人は、論文を書く時間がないのです。」「救済措置を講じないと、実務経験のない教授ばかりに育てられた学生が、教員にならざるを得なくなる。それでは、新卒を抱える学校現場は、困るんです」と、反論した。「でも、校内研究紀要と講演だけしかない人では、大学人として、困るのです」と仰られた。もっともである。講演だけで、論文が「全くない」という人が、大学の先生になるのは、確かに問題がある。正式な形式の論文とまではいかなくとも、せめて数本は、書いておかなくては、と思っている。

これが、私の経験から出た、退職後の進路のための準備である。

《コメント》

どの社会に行くにしても、今まで何をやってきたか、どういうキャリアがあり、そのキャリアアップのためにどうして来たかという、記録が必要である。

言葉は消えてなくなってしまう。「記憶より、記録が大事だ」と学生時代に地学の教授から言われたことを、40年以上経って思い

出し、ホロにがく噛みしめたものであった。

(3) 私立小学校の校長

「私学は、変わらないことが大事なんです」「何か変える時は、理事長・学園長の許可を、必ず取ってください」。 — 私学の根幹

かつて附属小学校の設立に大きく関与されてきた、ある理事さんから言われた言葉である。

附属小学校長に着任した早々、1か月くらいした時のことだ。「そんなバカな」というのが、私の、公立の校長経験者の感覚であった。不易の教育は大事だが、時代と共に、親の要望と共に進化するのが学校であり、学校は変革していかねば、というのが一貫して公立育ちの私の信念だった。

変えるのは、「校長の権限だ」と勇んでみたが、"私学は違う"の一言である。

「校長には、何の権限もない。すべて理事長・学園長の権限であり、委任を受けたものだけ、限定的に権限がある。校長は、決められた教育課程に則って、決められた通りのことを、円滑に行うのが仕事であり、子どもや親のトラブルを鎮めることです」とも言われた。学費を滞りなく徴収することは、事務長の仕事であり、金目のことに、校長は一切タッチしない、イヤ、できないようになっているのである。 — 限定的権限

私立校長の一番重要な仕事は、新入生の数を確保することである。そのための選考事務の責任は問われるが、最終決定権は、理事長・学園長の権限である。 — 新入生の確保

着任した年の秋に小学校創立20周年行事があるということを6月に知らされた。準備はしてない。積立金はない。と八方塞がりである。それでも、何とか「式典、記念誌、DVD作成」の3点セットは整えたが、式典が大変であった。参列いただいた議員さんは、国会議員は勿論、県、市全てご挨拶をいただく。その他、関係者から延々と話が続く。子どもたちはよく頑張ったが、私は参った。 — 20周年式典

公立小学校長経験者にとっては、戸惑うことばかり。そして、教育委員会制度が、いかに安定的に学校経営を推進できるシステムで — 教育委員会制度

あり、校長にとって、ありがたい存在であるかを、痛切に感じたものであった。

　公立学校では、流行としての教育改革も、不易としての教育も、学習指導要領の範囲であれば、弾力的に運営でき、ほとんど全てのことに教育委員会が責任を取ってくれる。そのシステムが、如何に素晴らしいと思えたことか。

　私学の教育課程の受理は、県知事の権限であり、知事部局の総務課である。県の教育委員会ではない。だから、指導主事はいない。例えいたとしても、私学の独自性の名の下に、余程のことがない限り修正はない。極論すれば、学習指導要領と言えども、大目に見られるようになっている。私学と言えども義務教育期間は、公的な役割があるのだが、「建学の精神」の名の下に、許されることがたくさんあることに驚いたものであった。

建学の精神

《コメント》
　結局、附属小学校長は２年間で退職した。附属小の先生方は本当によく働く。その上、施設設備は申し分ない。全員が入れる食堂（じきどう）に、全学年児童が集まり、高学年が低学年に温かい食事を給仕する。校庭は全面芝生で、塀の周りには教科書に出ている全ての樹木が植えられている。木登りの樹があり、休み時間や放課後には、その樹に子どもたちが群がる。公立には真似のできない理想的な環境があった。なのに、２年で辞めた。理由はいくつかあるが、最大の理由は、心身の消耗による体力の限界を感じたことである。
　63歳を迎えた年であった。
　朝、正門で子どもたちを迎え、語りかける。子どもたちと喋ったり、遊んだりすることは、本当に楽しい。ところが、２年目の中頃から、体のあちこちが、よく"攣る"こと。更に子どもたちと長縄跳をしていて転んだり、一寸した段差や絨毯の縁で"躓く"ことが多くなった。「子どもと楽しく遊べない校長なんて、校長とは言えない。」私の教育信条の根底が揺らいだ。崩れたのである。病院で、徹底的に精密検査をした。しかし、何も出なかった。なのに、身体の上半身が攣ったり、足元がもたついたりする症状は、変わらなか

63歳

攣る
・
転ぶ
・
躓く

人生これからが面白い　85

った。もしかすると、これが数年後に出てくる身体の異変の前兆だったのかもしれない。

(4) 大学・大学院教育

　附属小学校長の勤務を2年間で辞め、きっぱり退職するつもりでいた。でも、「大学で教授として学生たちの指導を」、と頼まれ、一年休職した後、体力も回復した感じがしたので、いくつかの条件を提示し、大学に復帰することにした。

　初年度は、シラバス作りやら、教材作成等で、授業は結構大変だったが、2年目以降、慣れると見通しをもって進められるようになり、楽しくなった。女子学生は、皆まじめである。小学校教員になりたい、という気持ちが、ひしひしと伝わってきて、やり甲斐を強く感じたものであつた。 授業

　しかし、次年度から、授業以外の仕事が多くなった。教員養成のための特別講義、事前面接指導、受験書類書きの指導、教育実習校への挨拶回り、更には、幼稚園・保育園実習・施設実習等の挨拶回りもある。それらも本務である。 本務

　中央教育審議会に参画していたこともあって、私には「動く広告塔」としての仕事や役割も発生し、大学を代表して、シンポジウムに参加したり、新聞紙面に登場するような仕事もあった。それはそれで、楽しくて充実した生活ではあったが、多忙感は残った。 動く広告塔

　国で新しい施策が講じられると、私学ならではの、総動員体制が敷かれる。大学教員も大変な時代になっていることを肌で感じた。それでも私は、かなり時間的に優遇されていたようだが、実務家教員の仕事は年々多くなる一方で、組織的な活動となると研究者教員との差は、歴然としていた。

　教職大学院が開設され、いくつかの講座をもつことになった。大学しか出ていない人間が、その立場に着くことに戸惑いはあったが、文科省の専門委員会が承認してくれたことなので、自身の勉強と思ってやってみることにした。 教職大学院

　研究者教授とオムニバス形式で、「現代教育の課題」、「教育行政特論」などをもった。その講座責任者になったのをきっかけに、講

|研究者と実務家教授|

座全部の授業を参観させてもらうようにした。その時、大学の研究者教授というのは、さすがに凄いと思った。何より奥が深い。幾つもの論文や文献を提示し、自らの考えの根拠を明らかにしつつ、持論を披瀝(ひれき)していく。「さすが」と思った。実務家は到底及ばない。だが、或る限られた狭い範囲の研究である。そこへ行くと、実務家は浅いが広い。現実的な運用の状況を述べることしか出来ないが、そこで卑屈になることはない。絶対に実務家でなければ出来ないことがあるからである。研究者教授が話す、深いが、断片的な知識を、つなぐ役割が、実務家の仕事なのだと。

|隙間家具|

つまり、ここでも「隙間家具」なのだが、それこそが、実務家教員の得意とする所であり、教職大学院の標榜する「理論と実践の融合」を実現するカギを握るものであると、私は考え、そこに存在意義を見いだしたものであった。

深刻な問題は、学生募集である。五割程度の大学・大学院が定員割れを起こしており、これを防ぐために、オープンキャンパス、出張入試、出張保護者会、高等学校への出前授業、授業の質を改善する授業評価など、あれやこれやと、手を変え品を変え、学生確保に向け、懸命な努力をしている。

|他人の芝生|

要は、どこの仕事場も、大変だということである。他人の芝生は、よく見えるが、左ウチワで、全く安泰というところは、極く稀だ、ということだ。

|胸に不快感|

大学での勤務が４年目の時、何故か分からない、今まで経験したことのない痛みと苦しみが、胸に来た。胸が締めつけられる不快感である。１、２分すると治まる。頻度は、２週間に１回から２回になり、期間がだんだん短くなってきた。

|初めての救急車|

たまたま、定期診察に行った行つけの病院で入院の命令が下った。しかし、緊急で医者が揃わず、国立大学病院に救急車で搬送された。初めて救急車に乗ったが、天井だけしか見えず、厭なものであった。

|狭心症|

手術室に入った。カテーテルを差し込み、造影剤を注入する。そして、CT検査。その結果は、手術の必要はなしとの診断が出た。

病名は、血管攣縮(れんしゅく)性狭心症。よく分からないが、何かのはずみで血管が縮み、苦しくなる狭心症であるとのこと。血管の詰まりが

50％程度なので、薬で対処することになった。5日間の入院検査であった。その後、大げさかもしれないが、人生観が変わった。年度末に大学を完全退職した。67歳3か月であった。

《コメント》

　60代以降の職業選択を主体的にするためには、計画的な下調べと準備とが必要である。そして、定期的に厳格な健康チェックを受け、何か見つかったら必ず主治医の治療を受け、その指示に従うべきである。それでも病は、襲ってくる。でも、主治医がいれば、持病以外でも、迅速にきちんと手配してくれる。

健康チェック

主治医をもつ

　職業選択に戻ろう。下準備だからと言って、現職中に再就職に熱中するのは、本末転倒である。バランス感覚をもちながら、目の前の子どもたちのことを最優先に、真摯に職務を遂行することが肝要である。

　同時に、校長としては10年単位でのキャリアプランを、30代頃の教員に考えさせるよう、業績評価の面接の時にでも、意識付けていくことが大切なことである。

　そして、当然ながら、自らのキャリアプランも。

(5)　千代田区へ出戻りのお勤め　68歳のお勤め　チヨダケン

　平成23年9月末、急に胸が締め付けられるような苦しみを感じた。痛みは、1分ほどで治まる。朝起床と同時であったり、風呂上がりであったり、と不定期に症状が出る。そんな痛みが2度、3度あって、かかりつけの病院で定期検診を受け、痛みの話をした。担当の医師はすぐに、心電図、血液検査を指示し、その結果を見て、私は直ちにベッドに縛りつけられ緊急入院となった。当日の講演予定だった学校には、看護師からキャンセルの電話がされた。有無を言わせぬ迅速な決断であった。その病院では担当医師が揃わないということで救急車が手配され、近くにある国立大学附属病院に転送され、精密検査を受け、カテーテルを刺しこまれ、5日間の入院の後、狭心症の病名付きで退院した。ゲリラ豪雨のようであった。

　その診断を受け、半年間は不安をもちながら、大学での講義を続

速断

けたが、このままポックリ往ったら、何の人生かと決断し、3月末で大学を依願退職した。

　しばらくは、のんびりゆったりと自宅で静養していたが、残された人生を楽しんでやろうと、翌年7月、5日間乗り放題の、青春18切符を買って、夜行列車や鈍行列車を使って関東一円を、ゆっくりと旅した。身体慣らしの後、念願だったエジプト旅行に行くなど、ご褒美、ご褒美と自由気ままな生活を満喫していた。

　そんな時に、かつて奉職していた千代田区からお声をかけていただいた。丁度、旅行にも飽きてきて、気力も体力も回復し、ボランティアか何か、少しは、人の役に立てたらと考えていた矢先だっただけに、二つ返事でお引き受けした。

　平成25年4月から神田駅近くにある小学校に併設された区立教育研究所に勤務する生活に舞い戻った。

　8年間のブランクで、公立学校を巡る状況は想像を超えるほど変化していた。

　大学で生活科を教えたり、教職を希望する学生の指導や、教職大学院に通ってくる院生とのゼミを通して、ある程度予期していたとは言うものの、その想像をはるかに超える変化があった。まず、若い先生が多くなったということだ。その割に活気が感じられないのは、それだけ学校が忙しくなっているからだろう。でも、単なる肉体的な忙しさだけではない。一校に1人か2人、厳しいクレーマーを抱え込んでいる。執拗な長期間にわたるクレームである。子どもへの虐待も、珍しいことではなくなってしまっている。この数年での地域社会や家族関係等の激変に、戸惑いを感じたものであった。

　そして、その着任早々、再び、所報に悩まされた。

①千代田区立教育研究所報

ご晶屓に　つなぎのスペシャリストが加わりました

　　　　　　　　　　　　　千代田区立教育研究所所長　角田　元良

　千代田区立教育研究所は神田の司町にある。池波正太郎の「鬼平」や佐伯泰英の「居眠り磐音（いわね）」が活躍する界隈である。鬼平の颯爽とした指揮ぶり、手下への気配りと先見性のある布陣には

人生これからが面白い　89

定評がある。佐伯さんの時代小説も読み手を魅了して放さない。磐音の日向で居眠りする猫のようなゆったりした構え、「後の先」の剣さばきの鋭さは格別である。

　両作家は、歯切れよい文体で読み手を瞬時に江戸の巷に誘い入れ、言葉遣いや物腰に品格をもたせつつ、市井の生活に人物を踊らせ、迅速な展開で物語に引きずり込む。その卓越した筆力に共通点がある。

　そんな作家たちだが、老中・田沼意次の見方だけは大きく違っている。片や好々爺であり国のために粉骨砕身努力するのに対し、一方は将軍の後継ぎに万策を弄する張本人となる。歴史上、人物の評価が分かれることはよくあることではあるが、現代の人気作家の作品であるだけに興味深いことである。

　一つの事案を巡って真実を追求する「検事と弁護士」の構図を醸し出す如くである。

　現代社会・学校に発生する様々な問題は、複雑を極めることが多い。その見方は、立場よって全く異なることがある。二面どころか多面性をもつことも多い。この解決に当たる学校は並大抵なことではない。所長に鬼平のような手配りと解決能力を即座に発揮することは望むべくもないが、所員九名が結束し、小粒でも存在感のある研究所を目指していきたい。幸い今年からスクールソーシャルワーカーという「つなぎの達人」が一人加わった。

　磐音のようにゆったりと品格があって、鬼平のように気配りのある研究所を夢見つつ頑張りたい。

　ご贔屓にしていただければ幸いである。

　　　　　　　　　　　　　平成25年（2013）5月16日 記

> 検事と弁護士

《コメント》

　30代の若いころ勤めていた日本橋地区と、新たに勤め始めた神田地区は、行政区分こそ、中央区と千代田区とに異なるが、隣り合わせである。

　江戸時代、火付け盗賊改めの鬼平は、江戸城清水門近くに役宅を構えていた。そこは、現千代田区役所の辺りである。居眠り磐音の

> 神田と日本橋

後援者、今津屋さんは、中央区の両国橋の袂の大店で、そこは、10年間務めた学区域の呉服問屋街であり、粋な日本橋浜町界隈でもある。
　そんな懐かしい所に、戻って仕事ができることに、大きなご縁と喜びを感じている。
　都立の研究所と区立の教育研究所は、時代も、組織の大きさも、その役割も違う。研究所の所長になったからと言って急に文章が変われるわけではない。
　相変わらずアカデミックな文章は書けない。同じ人間なのだから仕方ないと、あきらめている。そんな自分をこの頃、自分らしさだと感じている。
　学校を巡る多くの問題は、丁度検事と弁護士のような構図である。保護者と学校が一つの事案を巡って、違う角度から執拗に対立している感じがしてならない。本来、子どもを中心に、子どもの立場に立って話せば、容易に解決の付く筈の問題であるのに、そこがうまく噛み合わない。一つには、学校の対応や連絡の遅さがあるのかもしれない。しかし、主は、保護者の勝手な言い分のように思うことが多い。子どもにとってどうすればよいのかの視点で、両者が歩み寄れば、そんなにこじれることはないように思うのだが。単純すぎるのだろうか。
　だが、これが現実に起こっている問題なのである。

②千代田区教育研究所　所報原稿

真の力　検証の重要性

千代田区立教育研究所長　角田　元良

ゆとり世代

　ＳＴＡＰ細胞の作製に成功したと言う小保方晴子さんは、30歳である。この年代の人々を日本では「ゆとり世代」と言って軽んじてきた。いや、この世代の若者たちの自信を喪失させてきた。「基礎学力に欠ける。意欲が乏しい。頑張りが足りない」等と。何かあるたびに、そのラベリングで片付けてきた。昭和60年代、臨時教育審議会で詰め込み・偏差値教育の弊害を散々議論し、四次にわたる未来への答申が出され、その下に、平成の教育がスタートした。

「生活科、総合的な学習の時間」が相次いで学習指導要領に登場し、教科時数等の削減が大胆に行われた。その中で生まれた「ゆとり世代」である。その教育を受けさせられた彼らに罪はない。今、学力向上が最重要課題となり、口を開けば国際化、グローバルスタンダードである。時代とともに教育が進化し、改革されることは重要ではあるが、施策として実施してきたことの評価をきちんと検証し、未来に向けての教育をすることは、もっと大事なことである。次期改訂の前に、「真の力」の検証の必要性を強く感じている。

> 検証

平成26年（2014）3月記

《コメント》

　検証と言う言葉の意味をかみしめている。ＳＴＡＰ細胞の発見を称え、その存在を期待し、多くの患者の救いになることをどんなに望んだか。それ以上に30代の「ゆとり世代」の偉業に、どれだけ励まされた人がいるか。

> STAP細胞

　それを思うと残念でならない。この所報を書いたのは、平成26年2月8日、土曜日、東京に大雪が降った日のことである。STAP細胞発見の報道があって10日程の後に書いたものである。割烹着姿の愛くるしいお嬢さんが、満面に笑顔を浮かべてパワーポイントの図表を指し、晴れやかに語っている映像が、毎日のように流されていた。それがなんと、2か月もしないうちに、ねつ造であるとの発表が、理研の野依理事長の口から出て来た。残念なことになってしまった。期待が大きかっただけに何とも言いようのない、空しさが込み上げて来てしまった。検証の甘さと言えば、それまでだが。

> ねつ造

　その後、新聞の報道等でＰＩＳＡ調査の結果と総合的な学習の時間を重視している学校との相関がよい、との発表があったが、彼女のねつ造報道を挽回するには、不十分であった。

　ところが、10月に入ってビッグニュースが入ってきた。ノーベル物理学賞を3人の日本人科学者が獲ったことである。青色LEDの発見によるものである。基礎研究から実用化に至るまで、こんなに素晴らしい研究を日本人が独占したことに、快哉を叫びたくなった。世界の多くの科学者がなしえなかったことを、粘り強く研究し

> 青色LED

発明にまで漕ぎつけ、更に実用化にまで広げ、全人類のエネルギー革命に成功したのだから。エジソン以来の平和貢献ナンバーワンの発明である。ただ惜しむらくは、日本の企業を含め裁判所での評価・検証が、適正だったとは言えなかったことである。

2．人

(1) 全国連合小学校長会（全連小）役員会

全連小

全連小のお蔭で、全国各地に、関わりをもたせていただいた方が、沢山いる。特に関わりの深い方は、常任理事さんたちである。各県・地区を代表する校長会長さんたちで、全国に散らばってはいるが、苦楽を共にした仲間である。その人たちが年に一度集まる会が、２つある。いくつになっても深い信頼に結ばれた楽しい仲間である。

(2) 海外教育視察派遣団

教育視察

オーストラリア、ニュージーランドの２か国の教育視察をしたメンバーも忘れられない。全連小が主催し、各県教育委員会の承認を得て、平成15年7月26日から10日間の視察旅行に行った仲間である。彼の地の先進的な教育施策の実態を、現地の教育委員会の責任者や校長先生から直に聞いた。学校運営協議会が大きな権限を持ち、校長、教員の人事も、教育課程の編成も権限の内にある。当時、まだ日本では馴染みのなかった仕組みだが、この10年間で急速に増加している。形態は様々だが、現在は、2,000校を超すまでになっているという。

そんな先進的な研修をしながら、広々とした大地、牧歌的な風景の中で、互いの県の事情を交換し、日本の未来の教育を語った10日間であった。彼の地で見たサザンクロスに因んで、サザンクロス会と名称を付け10年が過ぎた。たった10日間の旅行が紡いだ会だが、毎年、年度幹事の場所に集まり、楽しんでいる。同じ釜の飯を食った人間の絆は強い、と感じるこの頃である。

(3) 紀の国16会

全国大会

オーストラリア、ニュージーランドに行った年の10月、和歌山で忘れ得ぬ全国大会があったことは、後に記す。その会の終了後、和歌山県小学校長会の役員有志によって生まれたのが、この会であ

人生これからが面白い

る。和歌山県白浜町の温泉に浸かりながら、往時を語り、今の教育を語ってきた。平成26年6月、和歌山の海を見渡す「ホテル満波」での会をもって、一応の締め括りとした。また会いましょうと固い握手を交わし、別れた。爽やかな別れであった。巨大台風がもたらした縁である。

(4) 学校教職員

つい先日、新卒時代の池谷校長先生の下で、盛んに議論し酒を酌み交わした仲間TD氏が、「古稀を歌う」と銘打って、百名ほど入れる素敵な市民ホールでリサイタルを開いた。声楽科出身で、若い時に「二期会」に所属していたとか。ホールに響き渡る張りのある声は、なかなかの声量であった。髪は薄くなったが、その気力は衰えていない。同じ古希の私に、やる気を引き出した男である。 古稀を歌う

2校目の中央区の久松小学校時代は、肉体的にも精神的にも一番の充実期で理科教育に没頭した時代であった。浩宮徳仁親王殿下をお迎えしての110周年行事が終わった翌年、職員旅行で立山黒部に行く企画をした。旅行会社の世話にならずに、私がプランを立て、立山の室堂で2泊し、童話の研究をするという、途方もない企画であった。未だに語り草になっている職員旅行である。職員旅行が段々なくなる中で、貴重な体験であり、思い出である。 立山研修

3校目は、文京区の千駄木小学校時代である。4月に着任して、2週ほど経った土曜。昼食にザル蕎麦を頼んだが、蕎麦が団子状にかたまってしまっていた。その蕎麦に日本酒をかけ、パラパラと捌きながら、うまそうに食べている私の姿を見て、職員は唖然としていた。土曜日の放課後のよき時間であった。 ザル蕎麦

4校目は、千代田区の麹町小学校時代である。本当に忙しかった。朝、幹部と打ち合わせを終えるとすぐに正門に立ち、児童を迎える。職員朝会が終わると、出かけてしまうことがほとんどであった。夕方、学校に帰って、教頭さんからその日の報告を聞き、明日の打ち合わせをする。そんな毎日の繰り返しである。泊りがけの出張も多かった。毎回必ず、その地方の極上の土産を買って帰る。教職員は全国の名物を楽しみにしていた。退職の私的なパーティーでは、土産物の話で、盛り上がったものであった。 土産物

《コメント》

多くの人と関わってきた。学校関係だけ取り出したが、それ以外にも、学生時代、テレビ出演時代、モグリの研究生時代、教員・校長時代、指導行政時代、など数え上げたらきりがない。今でもその方々と交流がある。年賀状は400枚程度にしたが、なかなか減らせない。退職した今、2万円はもったいないと思うが、一年一度の「生存証明交換便」だと思えば、決して高くはない。

縁を切るのは、一瞬である。続ければ一生の宝である。

（欄外）年賀状

3．趣味

(1) 篆刻

67歳で、大学を退職したのを機に、新たな趣味を持ちたいと思った。

今まで、趣味らしいものは、ゴルフと旅行ぐらいだった。ゴルフは、人との交流を禁じられていた30年位前、朝早く起きて、一人で河川敷で練習し、アプローチは上達して、いい線まで伸びた。しかし、20年程前、腰痛を患った時、医者から止められて封印した。

旅行は、思い出したように行く程度で、趣味と言うには、おこがましい。

それで、定年を機に、何をしようかと、考えた。

狭心症で入院し、余命を意識したのを機に、その退院の日に、お茶の水の楽器店でチェロを買って帰った。半年ほど先生に付いて習った。人間の声に一番近い楽器の音が、すごく気に入っている。だが、なかなかその環境にない。いつかのんびりと、『ふるさと』とか『川の流れのように』など弾くようになれたら。最期の締めくくりは『おくりびと』で、と思っているが、今は休止中である。

右脳と左脳を適度に使うことがよいと言う。篆刻は、どちらによいか分からないが、67歳から師匠に付いて始めた。字を調べたり、デザインしたり、

（欄外）ゴルフ／旅行／チェロ

石を切ったりと、なかなか手間がかかる。だから面白い。何より、石はみんな違う。色・形は同じように見えて、硬さが違う。一個の塊の石でも均質ではない。柔らかい所と極端に硬くて、刃が立たない所がある。当たり前のことがやっと分かってきた。石の上にも3年。一生の趣味を見つけた感じがしている。

　この本を上辞したら、裏表紙のどこかに押そうと、密かに企んでいるが、実現できるか不安である。

　(2)　散　歩

　ジムに通って体力づくりをしたことがあったが、これも長続きしなかった。器具を使ったトレーニングより、岩盤浴の方に魅力を感じて、それが主流になり、1年で辞めた。

　散歩が一番性に合っている。気持ちがよい。景色が変わる。道具がいらない。何より自然の風や音がいい。家から歩いて10分の所に水元公園がある。都内で最大と言っていい、豊かな水と緑がある公園である。ここを、私の庭として使っている。気分転換には、最高。何も考えずに歩いていると、色んな思いが湧き上がってくるから不思議だ。すぐ忘れてしまうのが難点だが、一日一万歩を目標に、約1時間半の散歩が、今の最大の楽しみになっている。

　(3)　旅・海外旅行

　旅はいい。非日常が応えられない。惜しむらくは、時間がないことと、宿が取りにくいことである。完全退職して、気力と体力が大丈夫だったら、全国をマイカーで走りながら、立ち寄り温泉に浸かって、楽しみたいと思っている。

　海外旅行なら、スイスの山をハイキングしたい。グリンデルワルドを拠点にして、思う存分、山並みを歩けたら本望である。

　それには、何と言っても、体力である。そして、財力も。

　エジプト旅行の一人旅に味をしめて、平成26年9月末にイギリスに1週間ほど一人で行って来た。観光ではあるが、非日常をたっぷり味わって帰って来た。

　もちろんパック旅行であるが、ちょっとした自由時間に街中を散歩したり、シェークスピア劇場に入って劇を見たりした。言葉は分からなくても、雰囲気で十分楽しめるものである。

| 石 |
| 岩盤浴 |
| 自然の風や音 |
| 立ち寄り温泉 |
| 一人旅 |
| パックの自由 |

かつて、オーストラリアに行った時も、貝殻の形をしたシドニーの劇場で、『キャッツ』を見て、感激した思いがある。旅をして、建物の外観を見て、写真を撮るだけでなく、ことばは分からなくてもいいから中に入って観ると、新しい発見が沢山ある。パック旅行でも、その気になれば、十分一人旅の気分を味わえるものである。パックといってバカにしてはいけない。もう少し英会話ができれば、と後悔している。

(4) 読書

読書は、あまり好きではなかった。小学校の時、図書の時間と言うと、本捜しに時間が取られて、熱中して読んだことがなかった。当時読んだ本で覚えているのは、北里柴三郎と野口英世ぐらいである。この年になっても、純文学は取っ付き難くて、苦手である。池波正太郎と佐伯泰英が大好き、というのだから、推して知るべしであろう。

時代小説

池波正太郎の『鬼平犯科帳』と、『剣客商売』は大の愛読書。何回読んでも飽きがこない。体力の鈍る夏が一番の好機である。もう5巡を終えようとしている。

佐伯泰英さんの作品も好きだが、こちらは長過ぎるのが難点だ。劇画のように面白いが、40冊を超えるシリーズになると、飽きが来る。でも、面白い。

純文学

昔は、本は買うものと思っていたが、この頃はもっぱら図書館で借りることにしている。もう少ししたら、夏目漱石や志賀直哉など、昔学生時代に読んだ本を借りて、読み直してみようと思っているが、いつになることやら。

《コメント》

趣味は、金がかかる。「道楽」とはよく言ったものである。狭心症の検査を退院した時、衝動的に買ったチェロはもちろんのこと、篆刻も石代がバカにならない。すべて中国産だが、3年前の10倍はするようになってしまった。

健康と財力

やはり老後は、健康と財力がモノを言う時代のようだ。財テクに引っかからないようにしながら、自分に合った道楽を見つけ、上手

に年を取りたいものだ。一人でやれるものになりがちだが、気の合った仲間と、共通の趣味で喋る時間がもてたら最高である。右脳も左脳も活性化する。仲間がいるということは、何より楽しいものである。

4．食

池波正太郎さんの作品には、必ず食卓の情景が出てくる。高級な食材ではないのに、その描写を読むと食べたくなるから、筆力と言うのはたいしたものだ。

今、私は神田に勤めているが、毎日のように店を変え、その店の雰囲気やら店員さんの対応を見て昼食を楽しんでいる。もちろん第一は味だが、安くてうまくて安全な食材を使っている店を探すことは、難しいものだ。総じて記憶に残る、安くて旨い店は、蕎麦屋さんである。ウナギ屋さんもいいが、値が張り過ぎる。味気ないのは、チェーン店。安くて速くて便利でいいのだが、何か足りない。それは、家庭のもつ手造りの味であり、愛情であろうか。

> 安全な食材

でも、この頃、気に入ったチェーン店を見つけた。一品一品に、手造りらしさが籠っているのである。客の注文を聞いて作るので、チョット待たされるが、店員の言葉遣いもいい。過日、そこの社長さんがテレビに出ていた。若いが、創作された料理に対して厳しい眼差しと注文があるのに、優しさが感じられる。お客の目線に寄り添うコメントなのである。発展しそうな予感がする。今、結構繁盛している。あまり人に知られたくない店である。

> 隠れ店

《コメント》

食事は、健康の源である。若い頃は、時間がなくて回転寿司に飛び込んで、5皿くらい頬張っては急いで飛び出して訪問先に行ったこともあった。駅ソバを、舌が火傷する速さで流し込み、電車に飛び乗ったことも、多々あった。

今もそんなことがたまにはあるが、大体は、ゆったり昼食を楽しめるようになった。バランスを考えた食事が大事だ。

お蔭さまで朝晩、バランスの取れた食事を家庭で戴いているので

健康が保たれており、感謝している。サプリメントなるものが流行だそうだが、自然の食物から栄養を摂ることが一番である。気力体力を向上させるための食生活を、今まで以上に吟味し、これからに備えていきたい。

自立　　そのためには、毎日食べる食事を自分で作れるようになることだが、まだまだ頼りきりの人生である。偉そうなことを言っても家庭では、味噌汁一つ作れず、どこに何があるかも分からない。自立の準備を始めなければいけないと考えてはいるのだが、困ったものである。今の若い人の中には、SMAPに代表されるように料理を得意とする人も多いようである。何事も若いうちに興味を持って、挑戦する姿勢がないと上達することはない。60を過ぎて困らないよう自立した生活ができる準備をしておく必要がある。反省。

5．70代以降の生き方

　未経験の世界である。だからはっきりしたことは言えない。体力や食事、好き嫌いの個人差も大きくなる時である。でも、現時点で確実に言えることは、

- ● 頑固になること
- ● 物忘れがひどくなること
- ● 体力が落ちてくること

　これからは、如何に、社会に迷惑をかけずに生きていけるか、己の存在そのものが問われてくる年代になる。だから、せめて嫌われない人間になりたい。ハイカラとまでは行かなくも、清潔で、人の邪魔にならない人でありたい。

　最近「しゅうかつ」と言う言葉を耳にする。就職活動のことかと思っていたら、「終活」と書いて、人生の終焉に向けた活動のことと知った。残された家族に迷惑をかけないようにするために、相続や葬儀、墓地墓標等の手配を済ませておくことらしい。笑って蹴飛ばしたいが、そうはいかないようである。

　しかし、こんなネガティブな考え方ではいけない。いつまでも、子どもたちの役に立てる人になっていたい。児童館や博物館で子どもたちと一緒に遊び、学ぶ、時には人前で話す。そのためには、進

取の気風を衰えさせない意欲をもち、脳の衰退を最低限に止めることだと思っている。それは誰もが願っていることであろう。願い通りいかない所に、人生の面白さがあると思うのだが……。

　米大リーガーのイチロー選手は、「運動選手が楽になりたいと思うようになったら、引退時なのだ」、と言っている。私たちは運動選手ではないが、何かを課す、気持ちが大事だと思う。辛いこと、苦しいことをしようと言うのではなく、楽しいこと、自分の好きなことをする。そのために何かを課す。それは趣味かもしれない。趣味を楽しみながら何かを課す。

　別の言葉でいえば、目標をもつこと。目標は、自分の実態に合わせて立てればよい。適正感覚の問題である。

　もう背伸びする必要はない。"日々新たなり"の気概をもって歩んでいきたい。

　70代以降も、「人生これからが面白い」の意気である。

　　　　　　　　　　　（平成27年（2015）2月22日　記）

進取の気風

課す

中央教育審議会との関わり

朝食を学校で

1．初めての中教審総会での驚き　寝屋川事件と朝食を学校で……101
2．教育再生会議との違い　情報の公開………………………………105
3．中央教育審議会の在るべき姿………………………………………106
4．第一次安倍内閣の教育改革…………………………………………107
5．中央教育審議会の役割は何か………………………………………111
6．中央教育審議会の評価………………………………………………116
7．巨大組織、中央教育審議会　中教審の目的と審議………………117
8．改正教育基本法と教育振興基本計画………………………………119

1．初めての中教審総会での驚き　寝屋川事件と朝食を学校で

　平成17年（2005）2月15日、第3期中央教育審議会（中教審）第47回総会に、初参加した時の審議は、今もって忘れられない。ちょうど小泉総理が主張する三位一体構造改革が強力に推進され、教育も経済の論理で改革を迫られる「聖域なき構造改革」の時期であった。当日も、開会直後に、地方六団体の首長が、地方への権限移譲に絡んで、地方出身の中教審委員をあと2名増員する要求意見を滔々とまくし立てるという傍若無人ぶりを示していた。

構造改革

　その後である。第3期中教審の初顔合わせと言うこともあって、並んでいる委員の順に会長から指名があり、全員が自由に発言することになった。私は、審議がどのように進められるのか、全く予備知識がなかっただけに、何を言ったらいいのかドギマギしながら、順番の回ってくるのを待った。学校現場代表として出ているのだから、一番よく知っている「学校現場の苦労と教師の思いを話そう」と決めるまでの不安・戸惑いは、忘れられない。東京都教育長のY氏、少年自然の家理事長M女史、マラソンのM嬢、TVキャスターのN女史、国際大学のN学長、そして、ついに私の番になった。

学校代表

　「角田委員お願いします」と鳥居会長に指名され、高鳴る胸を抑えながら。静かに語り出したつもりであったが、一寸上ずった声にな

っていたのを覚えている。

　当日の議事録には、こう記されている。

「まず、昨日大阪の寝屋川市で、大変ショッキングな事件がございまして、私ども学校現場を預かっている人間としては、いたたまれないという思いで一杯です。そういう中で、相変わらずああいう事件が起こると、学校の施錠がされてなかったのではないかとか、あるいはテレビモニターを誰も見ていなかったのではないかと、このような学校批判だけが出てくる。銀行には人が付いているけれども、学校には大事な子どもたちがいるにも関わらず、そういう人を配置すると言ったようなことが未だにないといった状況があります。この辺のところは、条件整備と言うことが非常に重要だと思いますが、果たして国から地方分権になったときに、そういうことができるのか、あるいは国ならばできるのか、その辺は、私にはよく分かりませんけれども、そういう具体的な問題から、国にした方がいいのか、あるいは地方にした方がいいのかということを考えていただければありがたいと思っています。

　もう一つ、時間がない中で恐縮ですが、今、学校あるいは教師が、熱心にやればやるほど、何か虚しさというか、やるせなさというか、残念な感じがしています。（努力を）認めていただけないというものがあります。過日の新聞のアンケートでは、学力低下の不安が8割、あるいは、ゆとり教育に対して7割の批判がある。また、学校、教師の質について、7割の人が「質が低いのではないか」という言い方をされているわけです。ところが、データを見ると、アンケートに答えていらっしゃる方の7割近い方が、学校に一切関わっていらっしゃらない。お子さんも持たない、そういう方たちの答えがデータとして出ている。こういうようなことで、学校や教師の実態がよく分からないままに、アンケートが構成されているというようなこと、その辺は、学校の中にいながら大変残念に思っているわけです。

　これから学習指導要領の問題とか、教育課程等、様々な議論をされるだろうと思いますが、ぜひ学校の実態、教師の実態を踏まえていただきながら、そして、歴史的な経過を踏まえて、改革は大事だけれども、軸のぶれない改革、一本筋の通った、これから20年、

> 寝屋川事件
>
> 学校批判
>
> 学校に人は付かない
>
> 実態知らない批判
>
> ぶれない改革を

30年、少なくとも一世代を見通した改革をしていただいて、学校に勇気ややる気を与えていただければありがたいと思っております。」と述べた。

> 学校にやる気を

振り返ってみると、表現に不十分なところはあるが、審議会の前日起こった、寝屋川市にある小学校に卒業生が侵入し、教師を殺害した事件を例に、条件整備の必要性と事件防止に地方分権が本当に機能するかを問いかけ、次いで、教育改革を学校・教師のやる気を起こすものにしたいと述べている。初めてとしては、まあ及第か。

この後、ある委員から唖然とさせられる衝撃的な発言があり、まさに、学校教育への見方には、色々あるなと実感させられたところである。

それは、かつてはキャスターで、現在は大学の教授をされている方の発言であった。

「ただ今、2月ですので、子どもをもつ親の気持ちになりますと、新学期、4月が間もなく始まります。できれば、これだけ不安をあおられていますので、子どもは日々育っていますから、まず4月から入学する子たちに、間違いのないような方向でスタートするというような……。難しいとはいえ、そのくらい思い切って、早い段階で、云々。」何を言いたいのかよく分からなかったが、このあとに「学校教育というものをもっと拡大して考えていいのかということなのです」「朝食を摂らない子が沢山いるといわれていますが、……。私は、例えば、学校で朝食を出すべきではないか。」と。この発言には、ウーンと唸ってしまった。これからの審議の大変さ、意見の多様さに、不安を覚えたわけである。しかし、もっと驚いたのは、朝食の学校給食が、ある市で始まったというニュースを聞いたときである。あの発言が切っ掛けになっているのかどうか定かではないが、学校の役割、家庭の役割がここまで渾然としてきたことに驚き、学校教育が何処まで広がるのか不安になった次第である。

> 朝給食

> 学校と家庭

あらゆることでボーダレスが起きる時代。教育と福祉、文部科学省と厚生労働省、幼稚園と保育園等々での融合は、自然の流れなのかもしれない。しかし、本当に、子どもの健全な発達を基本に据えた考えなのか、大人のご都合主義になってはいないかと、首をかし

> ボーダレス

げざるを得ない。

　この会議での発言に表れているように中教審の発言は、基本的に個人の意思に基づく発言である。小学校の学級会の話し合いのように、ある議題について賛成・反対と、意見を戦わせる討論ではない。もっとも、前出の審議は、第1回ということもあって、全くのフリートークであった。回を重ねる毎に、焦点が絞られ、自分の主張が強く打ち出され、審議に熱が帯びてくる。しかし、基本的に中教審は、意見を戦わせる討論の場ではない。審議の場である。

　それでも、稀に「○○委員の意見に反対である」として、持論を述べる場合もある。しかし、それが切っ掛けで全体が激論となるということはない。自分の意見をハッキリ述べ、色々な意見が出て、それらの意見を総合し、収斂した頃合いを見計らって、会長が次に進めていくという具合である。

　審議会は活発である。司会進行する会長や部会長が、「これより審議を始めます。ご意見のある方はどうぞ」と言うと、大概、3、4人の手が上がる。多いときは、7、8人になり、座長が挙手した委員を確認した上で、指名の順番を予め指示するということもある。従って、指名され意見を申し述べる冒頭に、「ありがとうございます」と言う委員がほとんどである。

　総会での意見は、そのまま忠実に記録され、終了後、発言した委員の承認を経て議事録となり、文部科学省の公式文書として保存・公開される。当初は名前を伏せていたが、最近は全て公表となった。自分の発言に対し、今まで以上に責任を感じながら、発言しなければならないと、議事録公開の重さを感じた次第である。

　座席は中央に会長・副会長が座り、左隣からアイウエオ順に時計回りで委員が座る。会長の右隣には、文部科学大臣以下が順に並び、それに続き官僚が座る。机上には、名札とマイク、資料や議事録が置かれている。発言時にマイクのスイッチを入れると会場内に声が流れると同時に録音が始まる。総会での緊張感は、大変なものである。ロの字型の座席の後ろには、100人を超す報道関係者が並ぶ。開会前に各局のテレビが入ることもある。審議中のTV撮影はないが、開会前に、審議会委員同士が談笑したり、資料を見ている所を

発言は個人の意思

審議の進め方

議事録

座る順

座席

撮影して、後でアナウンサーの音声をかぶせるというやり方である。よくニュース等で流される場面である。

チェック

「校長先生、今日もちゃんと出席していましたね」とか、「元気そうな姿を拝見して、嬉しく思っています」などと、発言内容とは違ったところで、思わぬ角度からのチェックがあり、戸惑ったり、嬉しかったりすることもあった。

2．教育再生会議との違い　　情報の公開

公開と非公開

　中教審は、全ての審議は公開され、発言者の確認の後、議事録も公開される。その点が、第一次安倍内閣の下に作られた教育再生会議（平成18年10月）とは、根本的に違いがある。教育再生会議は、官邸で開かれることもあってか、審議は非公開で、議事録の開示についても、しなくてもよいようになっている。したがって、会議終了後に新聞記者が「ぶら下がり」といわれる方法で廊下取材することになる。だから会議の内容が、ある委員のフィルターを通したコメントで紙面を飾ることになり、真実のやりとりは分からない。

　今の教育再生実行会議も、原則変わらないようである。今の時代に、それでよいのだろうか。「自由に発言できるように」とのことかもしれないが、将来にまで影響を及ぼす重大案件が、責任の所在が曖昧でよいのか疑問に感じる。

　中教審でも非公開のことはある。それは、会長等の人事案件の時だけである。

会長の選任

　中教審が第4期になる時、鳥居会長が退任され、新会長を選ぶことになった。形式的ではあるが、法により、非公開で選出の儀式が始まった。劇作家の山崎正和氏が内定してはいたが、選任には、委員の推薦・承認が、必要であったためである。

　かつて、毎週のように或る新聞に山崎氏の論説が載っていたことがあって、私は楽しみに読んでいた。『時代の風』という日曜版の論説である。ズバリと時代を鋭く切り取り、先を見通した展開が、小気味よかったことを覚えている。その思いがあったので、会長推薦者として意見を述べてほしいと、文部科学省の審議官から打診を受けた時、快諾し、その旨の感想を申し上げ、推薦させていただい

た経緯がある。

　以後、何回かの総会での進行や意見に対する短いコメントの中に、会長として、鋭い感想が述べられ、爽快感を味わうことがしばしばであった。また、会長の話の中でいつも感心させられたのは、学校現場や教師に対して、大変温かい感覚をもっていらしたことである。こういうリベラルな方が、まだ日本にはいて、重責を果たしていらっしゃると思うと、嬉しくなったものである。だから会長の選任を含め、公開でもいいのではないかと思うくらいであった。

　つい最近も、特別の教科「道徳」の導入に関して、道徳というものが、教科として適切なものなのか、東日本大震災のことを事例に、鋭く論評されていた。こういう問題に、しっかりとご自分の信念を披歴される方がいらして、重責を守っていてくだされば、この国の進路は任せられるのだが、関西にお住まいの上、体調が思わしくないということもあって、会長を一期で終えられてしまったことは、大変残念なことであった。　　　（平成26年（2014）10月25日 記）

３．中央教育審議会の在るべき姿

　中央教育審議会（中教審）は、この国の教育の方向を、歴史を踏まえ、その時の権力におもねることなく、確かなバランス感覚の下に安定的に政策提言する組織である、と私は思っている。私が中教審の委員に任命された時の会長、鳥居泰彦氏は、「中教審にはオートノミー（Autonomy）がある」と言われた。

　氏は、かつて慶應大学の塾長をし、失われた10年とも20年とも言われた構造改革の時代、中教審の会長を３期６年にわたって務めた人である。

　今、第二次安倍晋三首相の下、内閣総理大臣の私的諮問機関である教育再生実行会議が幅を利かしている。次々と、今まで中教審で課題とされ、懸案として慎重に判断すべきとしていた案件に、ずかずかと手を突っ込み、非公開で短期間の審議で改定を強硬に進めようとしている。安倍首相の言う「決める政治」の一環として、懸案の教育課題が、ある方向に進んでいくのを、第三者的な思いで私は見ている。拙速・強引という印象が強い。そこで決定したことを文

中教審のオートノミー

部科学大臣が中教審に諮問する。中教審は、それを審議し答申する。今は、中教審が通過機関になっている感じがして空しい。中教審のオートノミーは、どこに行ってしまったのだろうか、心配は私だけだろうか。

　内閣総理大臣の下にある教育再生実行会議の根幹となる提言は、自民党の教育再生本部の国会議員さんたちの提言である。しかし、何か変である。それは、教育再生実行会議が、教育再生本部の提言を愚直に受ける下部機関になっており、再生実行会議の委員は、総理大臣とお友達で、仲間がこそこそ非公開でやっている感じがしてならないからである。

諮問の背景

　教育再生実行会議の提言が、文部科学大臣の諮問となり、それを是とする方向で審議する中教審も、かつてのオートノミーが感じられない。もちろんそこには、諮問の仕方についての技術的巧妙さがあることも否めないのであるが。忸怩たるものがある。

再審不可

　中教審には、一度出した答申を変更することはないという「再審不可」の原則がある。それは教育現場の混乱を防ぐためである。したがって、同じ諮問が二度出てくることもない。但し、諮問の表現が変われば、時間をかけ、それを多方面から審議し、過去の答申との整合性をもたせ、答申を出していく。それが、教育を安定的に維持・継続する仕組みであり、信頼につなげる礎だからである。今、様々な動きを総合した時、その礎が危うい感じがしてならない。

　そこで、第一次安倍内閣当時の教育再生会議の頃を思い起こしながら、その頃の中教審の姿を遡り、教育再生会議との違いを考えてみたいと思う。　　　　　　　　（平成26年(2014)9月1日　記）

4．第一次安倍内閣の教育改革

(1) 教育再生会議と中央教育審議会の違い　―教育基本法の改正―

　教育再生会議は、平成18年（2006年）10月10日、第一次安倍晋三内閣総理大臣の、教育改革への強い思いを果たすべく、閣議決定により立ち上げられた会議である。内閣総理大臣の私的機関として作られたこの会議は、かつて中曽根康弘内閣総理大臣の私的諮問機関として作られた、臨時教育審議会（臨教審）に似た性格をもち、

臨教審

日本の教育を抜本的に改革し、かつての日本の勢いを甦らせようとの意気込みで作られた感がある。

しかし、臨教審ほど、学校教育を根本から問い直し、重厚な構えをもって抜本的に検討するには、遠く及ばない。私は「再生」という言葉にも引っかかる。いつの時代の、どんな姿にしたいのか。

教育は未来に生きる者や社会のために行う営みである。「再生」とは何か。様々な疑念を教育関係者の誰もがもちながらも、再生会議が立ちあげられた。

ところが立ち上がるや否や、小泉内閣時代に継続審議として先送りされていた教育基本法を改正し、間髪を入れずに、学校教育法、地方教育行政の組織及び運営に関する法律（地教行法）、教職員免許法等の、いわゆる教育三法を改正してしまった。その迅速さは、鮮やかなものであった。自民・公明両党の圧倒的多数という、数の論理があったとは言え、日本国憲法と並び、準憲法とも呼ばれた教育基本法である。

我が国の教育の理念を格調高く謳い上げていた教育基本法を改正したことは、歴史に残ることである。教育基本法は、戦後60年間の日本の教育、とりわけ義務教育の根幹を支える基本法として、その存在は偉大であった。

さりとて戦後60年経ち、教育基本法に現実とのずれが生じ、存在感が薄らぎ始めてきたことは、残念ながら事実であった。

平成13年、自民党の文教問題調査会に小学校長会の代表として私が呼ばれたことがあった。全国連合小学校長会の対策部長の時で、自民党本部の目の前の学校に着任して1年程経った頃である。その場で、「教育基本法は空気みたいな存在である」と私が言ったら、猛烈な罵声が上がった。議員さんたちにとって法律は命である。少なくとも国権の最高機関である国会が発揮する最大の権力が、法律の制定であることからすれば、法律は、国会議員の本分なのだから、怒るのは無理もないことかもしれない。自尊心を傷つけられたと、思ったのであろうか。

一方、議員さんの中には、教育基本法を変えれば、教育が劇的に変わると考えている節があったようにも感じた。それほどまでに大

事だと思っていた教育基本法が「空気みたいな存在」と言われて怒りが込み上げてきたのかもしれない。しかし、改正されたからといって、そう簡単に学校が変わるものでないことは、学校現場にいる誰もが分かっていたことである。

　教育は、徐々に変わるものである。一世代30年を俯瞰し、10年スパンの単位で少しずつ緩やかに変わるものであると、私は思っている。したがって、学校教育現場にいる者にとって、教育基本法は重要ではあるけれども、日頃は意識しない存在である。しかし、「なくなる」となれば、空気と同様に命が絶たれる重大な存在である。ある種の保険である、とでもいうべきものであると言ったら不謹慎であろうか。

法律は褌
　これは、憲法とて同じであって、一般人の感覚としては、意識し過ぎれば、却って息苦しくなってしまうかもしれない。若い頃、ある先輩に、法律は「褌のようなもの」と言われ、妙に納得した覚えがある。着けている時は気にならないが、外してしまうと締りがなくなる、それと似たものかもしれない。

　平成16年の教育再生会議に話を戻そう。飛ぶ鳥を落とす勢いで、教育再生会議が矢継ぎ早に課題を挙げた。新聞は、教育再生会議があるたびに、大々的にその内容を報じた。

競争原理
　学校に競争原理を導入する。学力向上を第一とし、大学を世界トップレベルにし、ノーベル賞を〇〇人に。オリンピックで金メダルを〇〇個以上。道徳を教科「徳育」に。不適格教員の排除。学校にバウチャー制の導入等々である。それらが連日報道される。

　国民は、危なっかしいなと思いながらも、誰もが教育評論家になったように、一家言を放つ。良い悪いは別として、教育の在り方についてこれほど世間の話題に上ったのは久しいことである。その意味からは、教育再生会議は教育にスポットライトを当てさせたという点で、功績はあったと言えるかもしれない。

　しかし、大して練りもしない思いつきの策しかなく、言い過ぎの感があった。

機能不全
　教育再生会議の第2次報告で、「公教育はもはや、機能不全だ」と言い放ち、公立学校は、全く機能していないと断言し、この国の

初等教育が死んだかの如く切り捨てた。これには、義務教育に携わる人間でなくとも、憤懣やるかたない。言い過ぎだとの思いが湧き上がってきた。

　これらの発言に、新たな教育の方向を策定する役割を担う中央教育審議会委員も、忸怩たる思いであった。しかし、中教審は、教育再生会議の審議や報告に一言も口を挟まなかった。というより、問題視しなかった。

再生会議

　そこには、教育再生会議が非公開であり、会議の真実は、必ずしも報道とは一致していないとの意識があった。それ以上に、中教審の話題に上らなかった一番の理由は、再生会議の報道が、一部の人だけの発表に限られており、そんな報道に躍らされることはないと、専門家集団としての自信と大人の自負があった。

　その上、当時の伊吹文明文部科学大臣が泰然としていたこともある。大臣は、教育再生会議で何が出ようと、「教育の問題は中央教育審議会の審議を経て結論を出す」と、折に触れて述べていたからである。

　さらに、鳥居泰彦会長が言われた、次の3点も背景にあったと、思われる。

会長の重み

　その3点とは、
① 教育とは何か、学校とは何をするところか。
② 中央教育審議会の役割は何か。
③ 政府の教育政策の行方を評価すること。

であった。この発言には、経済学者・教育者として、また、慶應義塾大学の経営者として、さらに、中央教育審議会の会長を3期6年にわたって務めてこられた経験から出る重みが感じられた。

　この鳥居会長の言葉を交えながら、私なりの解釈をしてみた。

(2) 教育とは何か、学校とは何をするところか

　3つある　①文明の伝承、②人間形成、③知識の伝達、である。それを行う場が学校である、と鳥居会長は言う。

教育とは

　学校教育には、「不易と流行」とがある。この①，②，③は、まさに「不易」の部分であり、教育哲学とも言えるものである。

学校とは

　では、「流行」とは何か。時代によって変わるものである。教育

不易と流行

中教審

方法・教育技術は、科学技術の進歩で変わることが多い。教育機器などの進歩による変化は、その最たるものであり、そろばんから電卓、そしてパソコンへの流れは、その代表格である。

「時代の潮流」なども、流行の一つである。私立中学志向による公立中学校離れ。学区域の自由化、飛び級、公立学校での補習、予備校教員の導入、公立校の夜間塾などなど「教育政策のアドバルーン化」は、都市間の競争かとさえ思える、顕著な流行と言わざるを得ない。もっと地に足を着けた確固たる教育政策が欲しいものである。

もっとも良い悪いの評価は、人によって異なるであろうが、これらの施策の中からいくつが生き残り、根付いていくか。その結果の良否が現れるのは、年月を経て20年か30年先のことになろう。しかし、その結果が出るまで黙って見過している訳にはいかない。やるべきことは、「不易」の教育を確実に果たしていくことである。

(平成20年 (2008) 2月25日 記)

5．中央教育審議会の役割は何か

「中教審の役割はオートノミーにある」と鳥居会長は言われた。

オートノミーとは、何か。それは、自主性・自律性ということである。外部からの制御から脱して、自身の立てた規範に従って行動するところに、中教審の役割があるというのである。中教審は、権力に迷わされることなく、それを言い切れる見識と胆力をもち続けていくべきである。それこそが、教育審議会に「中央」を冠したる故なのである。

教育に関する意見・提言は、保護者・地域の人々はもとより、文部科学省以外の政府機関の審議会からもある。そこから出る答申を元に、法律が作られることも多い。中教審は、それらの意見・報告・答申等の全てを咀嚼し、現在及びに将来の学校現場に、良いものかそうでないものかを峻別し、取捨選択して答申を出していく使命がある。それこそが教育の専門家集団としての役割となる。

財務省には、「財政制度等諮問委員会」という諮問機関がある。逼迫した財政を立て直すために公務員の総数を削減するとしている。

総務省には、「地方分権推進会議」がある。その答申には、地方

の活性化のために、国から地方へ権限を委譲する必要があると言い、地方が自由に使える交付金の増額を求め、国からの補助金を削減しようとしている。補助金では自由に使えない。交付金として地方へ配当されれば、教員の給与を始め、教材費、学校図書費、学校耐震化工事などは、地方の使い勝手のよいように使える。だから、補助金でなく交付金の増額を求めているのである。それらの意見を元に「行政改革推進法」が制定され、「人材確保法」で定められた教員給与優遇分の縮減や教職員定数の縮減、少子化に見合う教職員定数の純減、などが法律として成立している。これら要求は、逼迫する財政問題を抱えた地方自治体の首長からの、強い要望で成立したものである。この他にも、各府省庁からそれぞれの視点で、教育に関係する施策・要望は実に多い。

交付金と補助金

内閣府の諮問機関である「経済財政諮問会議」からは、「骨太の方針」として毎年、政府の重要施策が答申され閣議決定の後、年度の政策の重要方針として示される。小泉内閣当時の「三位一体改革」「地方分権の推進・中央から地方へ」等で一躍有名になった「骨太の方針」である。

安倍晋三首相になって初めて出された「骨太の方針２００６」に、「教育」が項目として初めて取り上げられた。その内容は教育再生会議の第二次報告そのものである。これにより、教育再生が国の大きな政策として取り上げられるようになった。

臨教審以来、教育改革国民会議等、幾度となく総理大臣の下で教育問題が議論されてきた。しかし、議論はあったけれども、実効性のある重要施策として機動力をもって、教育問題が内閣で具体的に推進されるようになることはなかったように思う。

かつて、田中角榮首相時代、国の発展の礎としての義務教育に、優秀な人材を確保することが必須として、いわゆる「人材確保法」の成立があった。教育が骨太の方針に取り上げられたことは、それ以来の快挙かもしれないと思って期待したのだが、今回は、期待外れどころか、「心配の種」と言わざるを得ない。

人確法

それらの全ての答申・意見を呑み込んだものが「中教審にはオートノミーがある」という言葉に象徴されるのである。その所以とな

り、取捨選択の判断基準となるのが、時間、空間、エネルギーの３つの概念軸である。それらを踏まえた答申は、中教審のオートノミーの所産と言えるものである。

(1) 時　間【歴史的な認識の重要性】

中央教育審議会は、過去・現在・未来を見通す時間軸をもっている。時間軸をもち軸のぶれない教育の推進が重要なことである。過去の教育の流れを振り返り、踏まえた上で、現在の学校・子ども・家庭・地域社会の教育状況を把握し、未来の教育を予測する。決して思いつきの打ち上げ花火やアドバルーンではない。そのためには、先進諸国や経済開発協力機構（OECD）などの国際的な教育の動向を踏まえることも重要である。今回の学習指導要領（平成20年度版）改訂で「知識基盤社会」「キー・コンピテンシー」「PISA調査」等が注目され、参考に供せられたのはそのためである。

また、約40年ぶりに全国の小中学校で、悉皆調査された「全国学力・学習状況調査」の結果は、現状の学校・子どもの分析と同時に、先の国際調査PISAの結果を裏付けるものとなった。

このように確実な時間軸に沿った緻密な思索の下に、教育課程の基準となる学習指導要領を設定していくところに、中教審の第一の役割がある。

(2) 空　間【広がりの中で教育を見る】

我が国の文明を伝承していくからと言って、日本だけ、という唯我独尊的な感覚で教育を論じるというべきではない。それは、政治・経済・環境問題も同じである。

現代は、「知識基盤社会」と言われる。その特質は、「知識や技能」に国境はなく、瞬時にして、情報が全世界を駆け巡るところにある。

京都大学の山中伸弥教授のグループによって発見されたiPS細胞（人工多能性幹細胞）は、瞬く間に全世界に伝わり、発見者の予想した通りの勢いで、更なる開発が進んでいる。これが最先端科学の真の姿であり、知識基盤社会の代表的な例である。環境問題、とりわけ地球温暖化、公害等の問題等も、一国だけでは、絶対に解決のつかない問題であり、全世界が協力して取り組まなければならない問題である。

まさに、我が町、我が地域、我が国を超えて、世界各国が地球レベルで、同一の課題に、同時に取り組んでいかなければならない時代になっている。

　だからといって、自国の伝統文化をないがしろにして良いという訳ではない。その辺のバランス（感覚）が重要である。今回の学習指導要領改訂は、バランスがポイントであると言っていい程である。

- 伝統・文化と国際協調
- 個人と社会
- 基礎基本の習得と探究

これらは、二項対立の概念ではない。バランスよく取り込んでいく必要のあるものである。今までの日本の教育界では、

- 詰め込みかゆとりか、
- 基礎基本の獲得か個性の伸長か、
- 自由か規範か、

等々、振り子の如く、どちらかに大きく偏り揺れ動く時代が続いた。今もその渦中にないとは言えない。成熟した社会では、バランスが強調されるべきである。

　空間概念についても、その「適正感覚」の中で論じられるべきものである。しかし、この「適正感覚」は、島国に住む日本人にとっては、難しい。何を以って適正とするか、もしかすると永遠の課題かもしれない。島国根性や農耕民族としての日本人としてのアイデンティティーにまで遡らなくてはならないかもしれないからである。

(3) エネルギー【意欲を育てる】

　エネルギーは意欲であり、その源は、自信である。

　今、日本の子どもの意欲欠如の問題は深刻である。大人は子どもに意欲を出させようと必死になる。しかし、意欲は出るものではない。意欲は育てるものである。

　意欲は褒められることで育ち、自信をもたせることによって増幅される。大人でさえも褒められると意欲が湧いてくる。

　かつて、１年生の女児に「校長先生！素敵」と言われて、嬉しくなったことがあった。もっとも、これにはオマケの落ちがあって、「何が？」と聞いた私に「背広が」と返って来た。このごろの子は

「お茶目」だな、と感じさせられたことであった。でも、嬉しい。

　この例から分かるように、褒めると言う行為が適切であると、やる気を生み出すことは事実である。しかし、褒めるだけでは、十分ではない。その裏付け・結果としての条件整備・待遇改善とが相まっていかないと、長続きする本物の意欲にはならない。

条件整備

　これは、どの世界でも共通である。教育もそうである。教師について多くの注文が出される。今回も、教育再生会議を初めとして、教育の病理ともいうべき「いじめ」「不登校」等に対して大きな声が挙がった。そもそも、教育の病理の根源は何か。

　今までの国の条件整備の欠如や地域社会、家庭の崩壊が大きな要因と思える。

　それなのに、矛先はどういう訳か、教員数の削減、給与の見直し、教員の資質向上に向けられた。手前勝手な、無理な要求ばかり突きつけているように感じるのは、味方贔屓だからであろうか。

日本の教員

　様々な批判もあるかもしれないが、日本の教員は世界的に見ると大変優れている。第一、まじめである。昼夜をいとわず職務に励み、児童生徒のために駆けずり回る。

　夏休みだと言って世間では、何日も連休を取って家族旅行に行くという。お上からの通知では「連休を取れ」と文書が来る。取らないのは「お前が悪い」とばかりである。しかし、長期休業日中と言えども、休みも取らず汗みどろになって、一日数千円程度の手当で、部活に精を出し、生徒にアイスクリームをおごる。疲れた体に鞭打って研修に明け暮れる教師が大部分である。

　情報教育が取り上げられれば、私費でパソコンを購入する。自宅で仕事をしようとすると、個人情報の持ち出しは禁止、と止められる。それをかいくぐって仕事して、情報の流出でもあれば、厳しい処分を受ける。

　小学校での外国語活動が導入されるとなれば、英会話スクールに通う。にも関わらず、保護者からジャパニーズイングリッシュと批判される。

　児童・生徒に意欲をもたせるべき教員自身のモチベーションが、下げられることが多すぎる。普通、企業の世界では、新しい施策を

導入する際に、それなりの条件の整備をする筈である。しかし、教育界では、新しい施策は、ほとんど学校・教師に丸投げされ、その努力に委ねられるのが常である。これで意欲を出せと言うのは酷である。

> 丸投げ

今回の中教審答申（平成17年）の画期的なことの一つは、「子どもと向き合う時間を確保する」ために、教育諸条件の整備を盛り込んだことである。経済不況にあって、経済優先の掛け声の下に、実現は程遠い感じがするが、「中央教育審議会の見識」の披露だけに終わらないことを願っている。

6．中央教育審議会の評価

評価ばやりである。教育委員会の施策の評価に続いて、学校運営の第三者評価も導入されてきた。児童生徒の学習評価を学校内だけでなく、外部の委員にしてもらうというものである。

> 第三者評価

新しい事業を起こせば、その評価をし、次期の計画に反映するという考え方が、日本でも当然のこととして定着してきた。しかし、第三者による評価というのは難しい。

特に、教育の評価は、モノづくりの生産ラインの数量評価に比べて、目に見えにくく長期に渡らなければ結果が表れないだけに容易ではない。

だから、教育界では馴染まないとして、放置されてきた。それを理由に、十年一日の如く進歩しない授業をする不届きな教師がいないわけではない。それを反省・改善しながら、教育を科学化し、数量化できる部分は数値目標を立て、評価していくことが、現代の教育を遂行している人間にとって、必要なことになる。

しかし、これもバランスである。何でもかんでも数値目標化すればよいというものではない。不登校ゼロという設定だけして、そのための整備をないがしろにするようなことがあってはならない。

> 数値目標

さて、中央教育審議会の評価とは何か。自分たちの出した答申が、法律となり実際に施行されたとき、あるいは答申に反した施策が実施されたとき、いずれなっても、それらを検証し、意見・異議を「文部科学大臣に申すこと」が評価である。

直近の例では、義務教育費国庫負担制度がある。地方自治体が給付した教員の給与の半分を国が負担するという義務教育費国庫負担金は、中央教育審議会答申に反し、平成18年度から国の負担を3分の1とし、3分の2を地方交付税で賄うとした。

　ところが、国が地方交付金を減額したことや、地方自治体の交付金に口出しできないことを盾に、地方によっては教育予算を、削減するケースが出始めている。

　かつて中教審で、「三位一体改革」の議論をした当時（平成17年（2005）小泉内閣時代）、地方六団体（県知事会・市長村長会等の団体）選出の委員は口を揃えて、「教育を大事にしない首長は、選挙で淘汰される」と声高に叫び、総務省と一体になって地方の自治権拡大のための大演説をし、地方交付税の拡大をねらった。

　通常、中教審の委員の意見発表は、概ね3分程度とされていたが、30分にわたって延々とその趣の演説をしていた県知事のことは、今もって忘れられない。

　結果は、中教審答申で出した「2分の1」に反し、義務教育費国庫負担金は「3分の1」になった。

格差　この結果、地方の教育条件はどうなったか。当時、県による経済格差が教育の格差拡大につながるのではないかと心配されていたが、その通りになりつつある。

　中教審の役割の一つに、「文部科学大臣に意見を申し述べる」という条文が中央教育審議会令にある。文部科学大臣は、その意見を元に「行政機関の長に意見を述べる」との条文もある。答申を出すだけでなく、国の施策に対して根拠に基づいた意見を申し述べることが、その役割を果たすことになり、中教審の評価であると思っている。

7．巨大組織、中央教育審議会　　中教審の目的と審議

　かつての中央教育審議会は、総会の下に、生涯学習審議会、教育課程審議会、教育職員養成審議会、大学審議会、スポーツ青少年審議会等が別々に存在していた。それらの委員は、必要が生じた時に臨機に任命されていた。

朝食を学校で

それが、省庁改編と期を同じく、平成12年6月から、新しく中央教育審議会令が施行され、中央教育審議会総会の下に、分科会・部会という名称で常時置かれるようになった。以下に根拠法令および概要を示す。

> 常時設置

中教審は、文部科学省組織令の第86条に、次のような事務をつかさどることが規定されている。
一　文部科学大臣の諮問に応じて次に掲げる重要事項を調査審議すること。
　　イ　教育の振興及び生涯学習の推進を中核とした豊かな人間性を備えた創造的な人材の育成に関する重要事項（第3条に規定するものを除く。）
　　ロ　スポーツの振興に関する重要事項
二　前号イ及びロに掲げる重要事項に関し、文部科学大臣に意見を述べること。
三　文部科学大臣の諮問に応じて生涯学習に係る機会の整備に関する重要事項を調査審議すること。
四　前号に規定する重要事項に関し、文部科学大臣又は関係行政機関の長に意見を述べること。
五　（以下略）

また、中央教育審議会令（第1条）により、委員は30人以内で組織されると決められている。委員は、学識経験のある者から文部科学大臣が任命し、任期は2年、再任されることができ、非常勤とされている。審議会には、次の5つの分科会が置かれる。

> 30人以内

教育制度分科会、生涯学習分科会、初等中等教育分科会、大学分科会、スポーツ・青少年分科会、の5つであるが、特別部会が設けられることもある。平成17年より18年まで、総会の下に義務教育特別部会、平成19年からは、教育振興基本計画特別部会が設けられている。

また、各分科会の下に、部会が設けられている。例えば初等中等教育分科会の下には、教育課程部会、教員養成部会などである。さらに、教育課程部会の下に各教科ごとに専門部会が置かれ、臨時委

員や専門委員がおり、学習指導要領の内容を各教科ごとに具体的に審議している。それらの委員を入れると中教審は400名以上の委員がいることになる。中教審は、とてつもなく巨大な組織なのである。

8．改正教育基本法と教育振興基本計画

新理念

平成18年12月に公布・施行された改正教育基本法は、戦後、日本の憲法成立と軌を一にして出来た旧教育基本法を土台にして、時代の変化に即し、戦後の日本に欠けている理念を補強した、旧法に勝るとも劣らないものである。教育の理念を高らかに謳い上げた法文は、さすがに教育の基本となる法律として崇高なものである。

とくに、前文をもち、新たに生涯学習の理念を打ち出すと共に、教育振興基本計画を盛り込んだことは、旧法と大きく異なるところである。

前文に関して言えば、今までの格調の高さに少し及ばない感はあるが、教育の目的、目標を条文に仕立て、生涯学習の理念を第3条に、さらに幼児教育、家庭教育を新設し、地方公共団体は、教育振興基本計画の策定に努めなければならない、とした。

60年ぶりの教育基本法の改正であった。

放り投げ

しかし、安倍首相の「内閣放り投げ辞任」で、たった1年で第一次安倍内閣は崩壊してしまった。教育の継続性や中立性は、担保されるはずだが、今後にどういう影響が出てくるか心配である。政治には、こういう急激な変化が起こるから、中央教育審議会のような、継続的・中立的な存在が必要なのである。

(平成20年(2008) 9月9日 記)

《コメント》

ファストフード店で「名ばかり店長」という呼称が、新聞を賑わした。店長という名前はよいが、実質の条件整備が伴わないところから名付けられた呼称である。

教育振興基本計画を始めとし、よい答申が出ても、なかなかその通り実現しない。

すぐにとはいかないが、その姿勢も見えない。こんなことが続く

と「名ばかり店長」ならぬ「名ばかり教育立国」になってしまう。せっかく議論し成立した法案に、真の魂を吹き込んでほしいとの願いから、教育新聞の「オピニオン」欄に投稿した。それが、以下の文である。

『教育新聞』「オピニオン」　平成20年（2008）7月6日　掲載

「名ばかり教育立国」への危惧

聖徳大学教授・中央教育審議会委員　角田　元良

7月1日、政府は、初めての「教育振興基本計画」を閣議決定し、国会に報告した。改正教育基本法では、国会に報告された計画を斟酌し、「各地方公共団体は、その地域の実態に応じ」、「教育の振興のための基本的な計画を定めるよう努めなければならない」と規定している。

教育関係者は、教育基本法の条文に教育振興基本計画が入った時、大きな期待をもった。なぜなら、教育基本法の精神を実現するための具体的な計画が、単年度でなく、中・長期の見通しを持って数値目標化され、それに沿った教育の方向が着実に前進できると考えたからである。

しかし、その期待は外された感がある。初回だからやむを得ないかもしれない。が、初回だからこそ私は残念に思う。

中教審の特別部会で、その徴候がなかったわけではない。「きちんとした数値目標を掲げるべきだ」と中教審の自律性を私は強く主張した。それがたとえ通らなくても、「中教審がそういう考えを表明すること自体が、学校現場の支えであり、勇気付けのもとになる。」と考えているからであった。

しかし、様々な思惑の中で、他省庁との調整のもと、答申に数値目標を明記できなかった。それでも答申の中に、「新学習指導要領の実施のために教職員配置、教科書・教材、学校の施設・設備などを支える条件整備を着実に実施する」、教員の子どもと向き合う環境づくりのために「必要な教職員定数を措置する」、などの数値目標に近い表現が盛り込まれたことは、文部科学省関係者の努力の賜物であった。

しかし、それも今回の閣議決定では、はかなく消滅した。「……条件整備について検討する」は、「教職員配置の適正化を行うとともに……外部人材の積極的な活用」に変更されている。そして、締めくくりは、「国の財政状況は大変厳しい」あわせて、「我が国の教育に対する公財政支出は、全体の７割以上を地方が占める構造になっており、我が国の教育の振興に当たっては地方公共団体の取組が不可欠である」とある。果たして国の役割は何であろうか。

　平成17年10月26日、中教審が「新しい時代の義務教育を創造する」という答申を出したときの基本的な考えでは、義務教育の基盤である学習指導要領の策定（Ｐ）と条件整備及び適切な評価（Ｓ）は国が行い、実施（Ｄ）は現場に近い地方公共団体と学校が行うという、役割分担の明確化を提示した上で、国は、義務教育費国庫負担金の1/2を堅持するよう答申した。

　しかし、国は、国庫負担金は1/3とし、2/3を地方交付税として税源委譲することとした。地方公共団体の首長は、教育をないがしろにする者はいないと表明し、時の内閣の決定を、自治体財源の増強と、大いに歓迎した経緯がある。

　けれども、3年後の今、格差は広がり、多くの地方は国以上に疲弊している。権限を委譲した国は、学習指導要領さえ策定すれば、実施責任の主体は地方公共団体と学校にあり、その理念を実現できると考え、最後の砦は、多くのまじめで優秀な教員がいると、高を括っているのであろうか。「名ばかり教育立国」になってはならない。

中教審

《コメント》

　第一次安倍内閣の崩壊から、8年が経過した。教育基本法の改正の下、教育三法が改正され、多くの法律改正が滞りなく済み、「教職員免許の更新制」も何とか無事に進行している。中教審の教育行政部会では、教育委員会の現状維持論と、改革推進論とが一本化できず、両論併記となり、決定を政治家に委ねる形で決着をつけざるを得なかった。結局、教育委員会の権限を「新教育長」に委ね、教育長に権限をもたせ、首長部局に総合教育会議なるものを設けることにした。これでも、第二次安倍総理の当初の目論見とは大分譲歩

した内容になり、地方分権の色彩を強くしたように見えるが、結局は、政党のメンツを保つ形の判断で、うやむやの決着となったようだ。

　第二次安倍政権は2期目の内閣改造に踏み切ったが、大臣の辞任を始め、外交・経済・内政で大きな課題が山積みしており、この頃は、教育再生実行会議の動きも、当初のような勢いは見えない。しかし、経済が厳しくなると、教育問題が取り上げられるという歴史的事実からすると、近々、また教育問題が勃発するかもしれない。

　教育は、総合的な見地に立ち、継続性と中立性が求められる長い時間を要する営みである。教育哲学と豊かな経験をもち、胆力の在る会長の下、オートノミーが発揮できる中央教育審議会を作り、委ねる。その度量が、国のリーダーには必要である、と考える。

　そして、委員は、自分の拠って立つ位置を明確にもち、その現状を発信しつつ、旧守に陥ることなく、未来の世界に生きる「子どもたちの成長」のためになすべきは何かを基盤に据えて審議に臨まなければならない。

（平成 26 年（2014）10 月 15 日　記）

全国研究大会の舞台裏・表

全国連合小学校長会長の仕事

　１．緊張の宮城県大会　　変革期の研究協議大会……………… 123
　２．台風・チャレンジ・思い出の和歌山白浜大会………… 125
　３．異常気象・異常現象と校長・大人の役割……………… 133

１．緊張の宮城県大会　　変革期の研究協議大会

<small>総会</small>

　平成15年（2003）5月27日（火）。全国連合小学校長会総会が開かれ、第26代会長に就任した。この年は、自校の新校舎落成式が4月にあり、児童にとっては、新たな校舎での生活が始まった記念すべき年であった。にも関わらず、ほとんど学校にいられない状況の毎日が始まった。東京都と全国との会長を受け持ち、充て職が10指に余る程の状況の中で、国を挙げての改革の真っただ中に飛び込んだのである。

<small>弁慶の最期</small>

　「改革なくして前進なし」の勇ましい掛け声の下、小泉純一郎総理大臣の「三位一体改革」「聖域なき構造改革」が鳴り響き、義務教育制度崩壊の危機が襲ってきた。時の文部科学大臣遠山敦子氏は、義務教育費国庫負担制度について「弁慶が最期を迎えた時のように、あちこちから矢が飛んできた。経済財政諮問会議などの場でも、戦わなければならない状況だ」と経済財政諮問会議での文科省の置かれた苦しい状況を話している。当時、大臣官房審議官の金森馨氏も

<small>未曾有の危機</small>

「未曾有の危機」と述べ、強く全連小に協力を求めてきた。

　そんな中での会長就任。文科省のある霞が関は、目と鼻の先の学校と言えども、校長は学校にいるが本務である。しかし、全連小常任理事会、理事会、各地区研究大会等の出席は当然。加えて、連日のように文部科学省から要請の依頼が入る。国会議員、地方選出議員、文教委員への要請。そして緊急集会の開催。いくら近いと言っても、身は一つ。手帳は、どの月も真っ赤に染まっている。

<small>真っ赤な手帳</small>

　そのような状況の中で、全国連合小学校長会研究協議会宮城大会の準備を遺漏なく進め、確実な開催に漕ぎ着ける。経済状況緊縮の

中での全国大会。質を落とさず堅実に、全国から来られる会員のおもてなしをすることが求められる。その大会運営に、開催地仙台は、小關八郎実行委員長を先頭に知恵を絞って満を持していた。

> 大会のスリム化

「確かな力と豊かな心をもち、力強く未来を生きぬく人間の育成」が大会副主題である。平成15年10月9日（木）、午前9時、宮城大会が始まった。

開会式での緊張の第一声は、「爽やかな空の青さに欅並木が一層美しく映える、ここ宮城県仙台市において、第55回全国連合小学校長会研究協議会宮城大会が全国各地から2,800名を越す会員の皆様の参加を得て、このように盛大に開催できますことを心から喜ぶものであります」であった。

挨拶の中で、「経済の活性化を求めて、あらゆる分野で構造改革が進んでおり、学校教育もその一つに挙げられております。確かに、地方分権や規制緩和が、現代の潮流であることは誰しも認めるところであり、否定すべきことではありません。しかし、変えなければならないことと、変えてはいけないこととがあると思います」、「公立小中学校教育の公平性を担保するところの義務教育費国庫負担制度の在り方の変更や義務教育への株式会社参入などは、義務教育の根幹に関わる大問題である」こと、「真の意味で『米百俵の精神』を実現していかなければならない。『経済の論理』で教育制度を動かし、景気の負債を、教育に回してはなりません」と自らの考えを述べ、「私たちは、常に子どもたちを目の前にし、最前線で学校教育を担っている最高責任者であります。義務教育の意味を改めて考え、校長として『不易と流行』を己の専門性と識見のもとに峻別していきましょう」と、全国から参集した会員に訴えた。

> 義務教育の根幹
>
> 米百俵

この大会では「校長の在り方・リーダーシップ」と「大会のスリム化」とが、もう一つのキーワードであった。

> リーダーシップ

閉会式の挨拶では、「『力強く未来を生きぬく人間を育てる学校経営と校長の在り方』『豊かな人間性をはぐくむ教育課程の編成と校長の在り方』など、11ある全ての分科会の研究課題及び研究の視点として、『校長としての在り方』に焦点を合わせて協議された。これは、校長のリーダーシップが問われている現在、何よりも貴重

なことである。私たち校長は、この大きな教育改革のときを、学校をよりよく変えるまたとない機会ととらえ、『姿勢のよい校長』としてリーダーシップを発揮し、互いに切磋琢磨し合いながら、諸課題の的確な把握とその対応を通して二十一世紀の小学校教育の一層の充実に邁進することを誓いたい」と、締めくくった。

　この大会で特筆された「簡素化」「重点化」「効率化」を成功させたことも、先を見通した重大な改革であった。アトラクションをなくし、企業の協賛で案内板等に係る経費を節減したことであった。もう一つは、各分科会に指定討論者を入れ、経営的な視点を鮮明にすること、更に、シンポジウムに代えて西澤潤一先生と相澤秀夫先生との対談により「校長の在り方・リーダーシップ」の議論に深まりをもたせたことで、「杜の都」「学都」に相応しい大会となった。

　変革の時代、全国大会の根幹を維持しつつ、スリム化に向け改善を図る方向に、研究協議大会が舵を切った記念すべき大会であった。この方向性が全国の地区研究大会に影響を与え、次年度以降の全国大会が、「地方の時代」へと引き継がれる契機となったのである。平成15年10月9・10日快晴の中での大会であった。

　全連小主催の海外教育事情視察の10日間を終え、ニュージーランド・オーストラリアから帰って、2か月後に開催された宮城大会であった。

2．台風・チャレンジ・思い出の和歌山白浜大会

　翌年の平成16年10月21、22日、全国連合小学校長会の研究協議会、いわゆる全国大会が、和歌山県白浜町で開かれた。例年より遅く、10月下旬に開催されたのは、この時期なら和歌山に台風はもう来ない、と過去の統計を踏まえ、十分考えた末、4年前に決定した期日であった。

　ところが、こともあろうに、ドンピシャリのタイミングで台風23号が白浜を直撃した。近畿地方の校長先生方は、前日から学校待機を命じられた。したがって、早く来た役員以外は、開会式に出たくとも動けない状況になってしまった。飛行機は、19日の夕刻から全面欠航。20日には新幹線も新大阪止まり。紀勢本線は昼頃

までは大阪を出たものの、強烈な風にあおられ、和歌山駅で運休。その寸前に運良く和歌山駅で乗れて、「ラッキー」と思った校長先生方は、前代未聞の恐怖を体験することになる。それは、白浜駅に着く直前のことである。強風で列車が横揺れを起こし、運転手は危険を感じて停車した。ところが、それが動き出した。逆走を始めたのだ。風で、押し戻されたという。まるで映画のワンシーンのような恐怖の体験。もっと凄い恐怖に襲われた地元の女性校長さんの話もある。海沿いの道を軽乗用車で走っていた。突如大きな横波が防波堤を乗り越えて覆い被さり、車体が海水に包まれた。と思った瞬間、車が横滑りして引きずられ、道路脇の壁にぶつかって止まった。もしも、波に飲み込まれていたらと思うと、ぞっとする話であった。

〔恐怖体験〕

　平成16年10月20日、私は、理事会に出るために10メートルも離れていない、目と先の隣のホテル武蔵に傘をさして走った。傘は全く役に立たず、下着まで全身ずぶ濡れとなった。理事会が終わる頃、一瞬雨が上がり、上空には、ぽっかりと円形の青空が見えた。台風の目である。初めてあんな大きな目を見た。それからが凄かった。大型で強力な台風の本領発揮である。白浜の海岸線に並び立つ豪華なホテル群に、大波が打ち寄せる。土地の古老でさえ記憶にない、という大波が防波堤を越え、ホテルの庭にまで押し寄せ、建物近くに迫ってきた。明日の開会式どころか、開催すらも危ぶまれる状況であった。常任理事会では、「中止もあるか……」。口にこそ出さないが心の中で、そう思う役員は少なからずいたはずである。私は、「明日は、台風一過の快晴になるはずだ」「今までの和歌山大会への準備を無にしてはならない」と、決断を下した。

〔台風の目〕

　そうして迎える開会式である。眠れぬ夜を過ごし、続々と会場に詰めかける会員たちがいる中での開会、そして、大会を成功裏に終えての感謝の閉会、この大会の開催を一番喜んでくれた和歌山大会の原動力になってくださった県の校長会、とりわけ理事の方々、その大会を支えてくださった会員の方々の思いを感じてくださればば、本望である。その時の開会式及び閉会式の挨拶文を掲載する。この二日間の気持ちを共有していただければ有難い。

〔開会式〕

(1) 全連小和歌山大会開会式　大会会長挨拶

平成 16 年 10 月 21 日（木）
全国連合小学校長会長　角田　元良

　穏やかな天気が、これほど待たれたことはありませんでした。皆さんお早うございます。古代より魂の古里として尊崇を集める紀伊の山並みを背に、大海原に開かれた美しい景観をもつ、ここ和歌山県白浜町において、第 56 回全国連合小学校長会研究協議会和歌山大会が全国各地から多数の会員の皆様の参加を得て、このように開催できますことを、心から喜ぶものであります。

　本日は、公務ご多忙中にも関わりませず、そして、和歌山市内で一泊せざるを得ない状況にも拘わりませず、文部科学省初等中等教育局　教育課程課長　常盤豊様、初め、多数のご来賓の皆様、そして、本会歴代会長、和歌山県連合小学校長会元会長の皆様、関係諸団体の皆様のご臨席を賜り、激励いただけますことを、会を代表して厚くお礼申し上げます。

　また、本大会の開催に当たり、温かいご指導とご支援を賜りました文部科学省、和歌山県、和歌山県教育委員会、白浜町、白浜町教育委員会、並びに関係諸団体の皆様。

　そして、4 年有余にわたってきめ細かい準備と、着実な実践を積み重ねてこられた近畿小学校長会協議会、とりわけ、和歌山県連合小学校長会のご労苦に対し、深甚なる敬意と感謝を申し上げます。

　今年は、台風や梅雨前線などによる記録的な風雨が、各地に大きな被害をもたらしました。今回の台風でも多くの被害がでました。災害に遭われた地域の方々に、心からお見舞いを申し上げると共に、一日も早い復興を強く願っております。

　さて、全国連合小学校長会は、2 年前の北海道大会から研究主題を「新しい時代を拓き、国際社会に主体的に生きる心豊かな日本人の育成を目指す小学校教育の推進」として研究を深め、昨年度の宮城大会において、時代の変化に見合った研究の重点化を図り、成果を挙げて参りました。今年度は、昨年十二月に一部改訂された学習指導要領の趣旨を踏まえ、「生きる力」を育むために、「確かな学力

の定着」と「個性を生かす教育」を推進し、目に見える形で成果を挙げなければならないときであります。

　年度末から年度始めにかけて、全国の多くの地域で、学力調査が行われました。私は5月の総会で、その調査結果を吟味・活用すると共に、発信力の強化を、お願いいたしました。調査結果を授業改善に生かし、指導方法や指導形態を見直し、改善したことを地域社会に発信して欲しいと訴えた訳であります。

　私たち校長の最大の役割は、適切な教育課程を編成・実施し、教職員を組織して、的確に運営し、子どもたちが楽しく学校に通えるようにすることであり、その結果として地域社会から、信頼を得ることであります。結果の公表を、教育の論理で、学校自らが行うことが、信頼を得ることになると思います。

　今、日本は、経済の活性化を求めて、規制を緩和し、地方に権限を委譲する構造改革を進めています。その議論の中で、教育の根幹をなす義務教育費国庫負担制度の廃止が、俎上に上っております。国庫負担金が、もしなくなるようなことになれば、義務教育の機会均等や水準の確保は危うくなり、国民からの信頼をなくすことは必至であります。今こそ、この制度の必要性を説き、教育論をもって、世論を喚起していくときであります。

　我が国には、国民性として教育熱心な伝統があります。「米百俵の精神」は、経済財政の論理を越え、正に、教育の論理を優先させた具体的な事例であります。明治の以前から、教育は日本の基盤であり、最重要施策であったわけです。「米百俵の精神」は、先を見通し、的確な対応を示す、日本人のアイデンティティーを感じさせます。　　　　　　　　　　　　　　　　　　　　教育の論理

　今こそ私たち校長は、教育観を語り、教育論を戦わせ、教育像を示すことが必要であり、校長会は、政策集団として、それを提言していく必要があると思っています。経済の論理を乗り越え、現場からの教育の論理で、教育重視の伝統を継承・発展させていくことが大切だと思います。　　　　　　　　　　　　　　　　　　　　観論像

　ところで、この6月1日、長崎県佐世保市において、6年生が同級生を殺害するという、誠に痛ましい事件が発生してしまいました。

学校を預かる責任者として、痛恨の極みであり、亡くなられた児童のご冥福を祈るとともに、ご遺族、関係者に対し、謹んで哀悼の意を表する次第であります。

改めて、思春期前期の児童の心に寄り添い、相談しやすい環境づくりを真剣に考え、対策を講じていかなければなりません。と同時に、ＩＴ社会の影の部分を如何に少なくするか、家庭や地域社会を巻き込んだ早急な対応が、必要であります。ＩＴに限らず、子どもたちは、社会の流行や変化を、最も激しく受ける存在でありながら、何の予備知識も、防御の術ももっていません。私たち大人は、特に校長は、常に先を見通し、光と影を見極める鋭敏な感覚を養っていなければなりません。

ＩＴ社会の光と影の問題は、「教育と経済の問題」同様、バランスが大切でありますが、バランスの問題は、それだけではありません。物質の豊かさと心の豊かさの問題、自由と規律、個人と社会の問題等、一見相対するように見える理念の全てにつながる問題であります。本日から始まる研究協議の場で、このバランスを問いつつ、教育論を展開し、学校改善の方策や校長のリーダーシップの在り方について、具体的に究明していただきたいと願っております。これらの議論を通すことで、校長としての適正な判断力や、幅広い見識、鋭い経営感覚を磨くことが出来ると思うからであります。

ここ和歌山は、明るく情熱的で進取の気風に富む活動的な県民性であると言われます。早くから海外移民が始まったことからも分かるように、新しいものへ、果敢にチャレンジする土地柄であり、加えて、日本人の魂の古里の地でもあります。古いものを頑なに守りながら、新しいものにチャレンジしていく精神も、本大会のキーワードである思います。和歌山が生んだ偉大な博物学者・南方熊楠（みなかたくまぐす）は、長い海外での研究生活の中で、日本人のものの考え方を、海外で強く主張した人物であり、明治の時代に、いち早く自然保護に徹した、偉大な先駆者であります。その熊楠の情熱と行動力と、先を見通す目に習いつつ、更に「姿勢のよい校長」となるべく、真剣な協議をしていこうではありませんか。

それにしても、すごい台風でした。私たちは、その台風を共有し

IT社会

光と影

進取の気風

チャレンジ

台風を共有

全国大会

た仲間であります。大変な思いをして、ここにたどり着いた人が大勢います。台風を追いかけて、奇跡的に、昨夜、白浜に着いた、沖縄県校長会の皆さん。紀勢線が強風で前に進めず、大揺れの中を一駅逆走した上、4時間も車中に閉じこめられた校長先生。ビジネスホテルで一夜を明かした先生方。待機命令が出てここに来たくても動けなかった校長先生がいます。今もこちらに向かう努力をされている校長先生がいます。本当に、ご苦労様です。そして、ありがとうございます。

待機命令

　これらの先生方の熱意に支えられて和歌山大会が開催できまることを深く感謝し、この思いをもとに、まさにチャレンジの精神で協議を深め、日本全体へ教育経営に生きる情報を発信できることを強く願って挨拶と致します。よろしくお願いいたします。

《コメント》

　「私たちは、その台風を共有した仲間であります。」このフレーズは、大会期間中、そして、その後のキャッチフレーズにもなった言葉である。それは、原稿にない、心底から咄嗟に出てきた言葉であった。

　開会式が始まっても、まだ空席の目立つ中、大会会場入り口から続々と、しかし、整然と入って来られる校長先生方を見て、胸が詰まった。

　総会が終わり、各分科会に分かれての研究協議。二日目のシンポジウム。かつて無いほどの盛り上がりを感じた。どこも、校長のリーダーシップとチャレンジ精神が、満ちあふれていた。

　そして、22日閉会式での挨拶が次の文である。

(2) 全連小和歌山大会閉会式　挨拶

平成16年10月22日
全国連合小学校長会長　角田　元良

　第五六回全国連合小学校長会研究協議会和歌山大会の幕が、今、閉じようとしています。

　この和歌山大会は、激動する変化の時代にふさわしい、一生、思

い出に残るチャレンジの大会であったと思います。それは、2,669名の参加予定者の内、2,400を越す方が、自らの知恵と経験を絞ってここに到達したからであります。

話の種
　台風の襲来による交通機関のマヒという前代未聞の事態があったことは不幸なことではありましたが、子どもたちに体験を語る、種ができたと思えば、これは、また貴重な、楽しい思い出になることと思います。

　しかし、それ以上に思い出に残る貴重なことは、全ての分科会の協議が、経営の視点で、校長のリーダーシップの視点で、提案され、協議され、全国の校長が、このことを共有したということであります。その意味で、先ず、お礼を申し上げたい。

運営
　校長としての貴重な実践を発表してくださった提案者に、そして、研究協議協力者に、更には、分科会を的確に運営してくださった全ての方々に、お礼を申し上げます。有り難うございました。

　チャレンジ精神と校長のリーダーシップの発揮という視点が、提案者と参会者と社会のニーズに合致し、協議会を成功裏に導いた、もう一つの鍵であると思います。

　このことは、シンポジウムについても同じであります。それぞれの立場の違う方々から、自らのチャレンジをご自身の体験を通じて語っていただいた中に、会場全体に共有するものを感じました。チャレンジャーとしての姿勢を見ました。好奇心、強い精神力と忍耐力、不可能を可能とする研究者魂、このことは、校長の在り方を考える種を蒔いていただいたとの感を強くしました。シンポジストとコーディネーターと会場の先生方に改めてお礼申し上げたいと思います。

種を蒔く

　このような立派な成果を挙げられた裏には、白浜町での全国大会開催に熱意を燃やしながら、2年前にリンパ癌で亡くなられた前・南白浜小学校の梅田隆校長先生がいらしたことも忘れられません。先生のご冥福を祈ると共に、大会の成功をご報告申し上げたいと思います。そして、それらの苦難を乗り越え、二日間の大会を見事に

成功に導かれた、宮﨑弘志和歌山大会実行委員長を始めとする　近畿小学校長会。とりわけ和歌山県連合小学校長会の298名の校長先生方、特に、会場の設営、バスの手配等、滞りなく運営された白浜町、及び田辺市校長会の皆様。本当にご苦労さまでした。心からお礼申し上げます。

「雨にけふる神島を見て紀伊の国の生みし南方熊楠を思ふ。」
　この歌は、昭和天皇陛下が、自然環境保護の聖地とも言うべき神島で、南方熊楠からご進講を受けられたときのことを偲んで作られた、歌であります。熊楠記念館の高台に、この句碑が建っています。

南方熊楠

　陛下は、熊楠の自然保護運動により、貴重な生物が保存された神島をご覧になって、熊楠を思い出されて、お作りになったのでしょう。私たちは、自らの地域の環境、日本の環境、地球の環境に思いを致す時、熊楠を思い、神島を思い、この和歌山大会を思い起こすことと思います。熊楠に習い、校長として先を見通し、情熱を持って経営実践を積み重ねていこうではありませんか。
　校長としてエバーオンワードして、様々な課題にチャレンジする「姿勢のよい校長」、「政策提言のできる校長会」として、邁進することを誓って、お別れしたいと思います。
　参加された校長先生方の益々のご活躍とご健勝を祈念して挨拶といたします。二日間、本当に有り難うございました。

《コメント》
　劇的な閉会であった。言葉を区切るごとに、大きな拍手が起こった。話していて身震いしたほどである。こんな大会を経験出来たことは、歴代会長で何人いらっしゃるだろうか。多くの参加者に満足感と感謝の気持ちが起こっていたように感じた。拍手と共に、目に光るものがあった。
　そして、大会は無事終わった。

(3) 「紀の国一六会」の誕生・継続・解散
　その後、和歌山県の役員さん達と、10年間白浜の地で、当時を

思う会が続いた。平成16年に紀州和歌山で開催された大会に因んで、「紀の国一六（イチロク）会」と名付けられた。10年の節目に当たって一応閉会したが、全国大会終了後、こんな交流を続けた会を、かつて聞いたことはないし、以後も聞かない。

　台風の襲撃にあった大会であることが、大きなインパクトになったことは、確かである。でも、それだけではない。「チャレンジする校長」「姿勢のよい校長」の結晶・情熱があったればこそと、私は思っている。

　「白浜」の地で、見事に澄んだ青い海と砕け散る波、カサブランカを彷彿させる砂浜を眺め、高台の露天風呂「吉宗」に浸かりながら、当時の、台風の眼を、むき出しの自然の脅威を思い出す。自然は美しい。しかし、牙をむいた時は、すさまじい。自然を畏怖する心を、我々は何時までも忘れてはいけない。それにも増して、人との絆を忘れることは出来ない。

絆

　平成24年5月20・21日、白浜の地で、紀の国一六会の人たちと会った。21日朝、曇り空の間から忽然と皆既日食が出た。自然の巡り合わせを感じた。

皆既
日食

3．異常気象・異常現象と校長・大人の役割

　文部科学省の常盤教育課程課長も台風に巻き込まれて、和歌山駅で足止めを食らい、前夜のレセプションには参加できなかった。その晩到着するはずの多くの会員も、大阪や和歌山市内のビジネスホテルにやっとの思いで宿をとった。その陰には、大会の輸送・宿泊施設を担当した近畿日本ツーリストとJTBが、全精力を挙げ、宿と足を確保してくれていた。そして後日、参加できなかった校長さんたちの交通費と宿泊代等が、ペナルティーなしで全額返却されたと知らされた。多くの人々の善意と努力によって支えられ、無事故で終了出来たことは、神の加護という他はない。会員始め、大会を支えてくれた全ての人々に感謝したい。

　この大会閉幕の翌々日、平成16年（2004）10月23日に、新潟で巨大地震が発生し、山古志村は大災害を被り、陸の孤島と化した。後に、新潟県中越地震と命名されたが、天変地変の恐ろしさに震撼

中越
大地震

としたことであった。

　その後も、幾多の自然災害が、日本各地で起こり、多くの犠牲者が出ている。

　平成23年（2011）3月11日、三陸沖を中心とした巨大地震が、太平洋岸の数か所で発生し、宮城県の沿岸部を中心に未曾有の巨大津波が襲った。東日本大震災である。20メートルを超す津波は、防潮堤を乗り越え、多くの人を飲み込み、建物を壊滅的に破壊し、甚大な被害をもたらした。 <!-- 東日本大震災 -->

　釜石に住んでいる元校長先生の話を、震災直後に聞いた。釜石の学校は、4月の最初の避難訓練では、必ず地震、そして津波を想定した避難訓練をする。入学したばかりの一年生を上級生が両側から庇いつつ、だらだらと長い昇りの坂道を500メートル以上走る。それはそれは、過酷で、大変な避難訓練だという。そこで、過去の出来事を伝え、「津波てんでんこ」の精神を教えるという。

　それが、「釜石の奇跡」を生み出したのである、と。 <!-- 釜石の奇跡 -->

　震災から、半年経って当地を訪れた時、「鵜住居（うのずまい）小学校」の3階には、軽自動車が突き刺さったままであった。校庭があった場所は瓦礫の山であった。海岸の松並木は、全て海側になぎ倒れ、引き波の強さを物語っていた。卒業式前日の隣接の中学校の生徒が、小学生を庇い、後から合流した保育園児をリヤカーに乗せ、坂を登り切った時、あの大津波が押し寄せ、根こそぎ持って行った。避難した人々は、全員助かった。釜石の奇跡と言われた。しかし、それは、奇跡ではない。日頃の訓練の積み重ねの結果である。それが命を救った。歴史を忘れず、知恵を伝える教育の役割の象徴的な姿である。 <!-- 教育の役割 -->

　この地震・津波で、語り継ぐべきことのもう一つは、福島県にある東京電力福島第一原子力発電所の破壊による放射能汚染である。 <!-- 原発破壊 -->

　原子炉の破壊が、如何に広範囲で、長期にわたって影響を及ぼすか、その事後処理が、如何に大変なものであるか、痛烈に物語っている。それは、今なお多くの人々に、大きな不安を与え続けている。資源のない日本での原子力活用。それは、大きな問題であり、そこでの教育の果たす役割は何か、熟考すべきことである。

平成26（2014）年8月20日、広島市北部の安佐南・北地区（広島県）に降った記録的豪雨は、2時間余のうちに、一年分の雨量を超したという。山の崩落による土石流で、瞬時に民家が押し流され、倒壊し、多くの人命が一瞬にして奪われたことは記憶に新しい。

豪雨災害

　更に、最近では、突如として局地的に竜巻が発生し、屋根を舞上げ電信柱をなぎ倒していく。ここは、日本か、と疑いたくなる現場を見せつけられる。

竜巻

　これらの現象は、日本だけではなさそうだ。世界的な規模で、気候変動による異常現象が起こっている。気象だけでなく地殻の異常もありそうだ。

異常気象

　専門家の中には、これが恒常化しつつある、と指摘する人もいる。
　平成26年（2014）9月27日土曜日、紅葉の真っ盛りの木曽御嶽山（長野県・岐阜県）が、突然噴火した。水蒸気爆発だという。噴石に当たって負傷し、有毒ガスを吸い込み、50人以上の方が亡くなられ、今なお行方不明の方がいらっしゃる。極上の天気の下、山頂で弁当を広げ、美しい景色を眺め、楽しい語らいをしていたであろう人々が、一瞬のうちに命を落とされた。どうしてなのか。どうなってしまったのか。どうなっていくのか。地球が悲鳴を上げているような感じがする。

御嶽山爆発

《コメント》

　大災害が発生した時、校長は、何が出来るのか。その時のために何をすべきなのか。「その時々にあった、適切な防災教育」と言うのは簡単だが、過去の多くの自然災害から学ぶべきことは、余りにも多く困難であるが、それぞれの地区で伝え継ぐべきことを峻別し、実践的な訓練を地道にしていくしかない。

実践的訓練

　子ども一人一人が、自分自身の命を、自分で守れるか。的確な判断力を付けるようにするには、どうするのか。様々な事象を想定した時、不安は止まることはない。だが、何より大切なことは、基本に則った訓練を重ねることである。

重ねる

　と同時に、教職員が取るべき冷静な判断力・指示力を、日頃から磨いていくことが必要である。これも訓練である。

校長・教職員は「瞬時に冷静な判断の出来る脳と、迅速な行動力、さらに長期的に必要なことを洞察する眼と、胆力を持つ」そんなチャレンジ力・能力が必要だと、改めて思う、この頃である。

(平成 26 年(2014)10 月 13 日　記)

『小学校時報』巻頭言

ネタ探し

1. 新しい年を迎えて……………………………………… 138
2. 豊かな心をはぐくむ学校経営………………………… 141
3. 新たなビジョンの構築と真に豊かな学校づくり……… 144
4. 教職員の資質・能力を発揮させる校長の役割……… 146
5. 『小学校時報』を読み返して………………………… 148

機関誌　全国連合小学校長会の機関誌『小学校時報』という雑誌がある。毎月発刊されるこの機関誌は、約2万人を超す全国の小学校の校長先生に届けられている。その時々の教育課題を特集し、更に、全国の会員の実践記録や、会員の声が掲載されている。また、全国を8つのブロックに分け、それぞれの地域で開催される各地方大会の報告や、本部の活動状況などがある。

　盛り沢山だが、50ページ程度のコンパクトにまとめられた、手軽に持ち運びできるA5判の冊子である。昭和26年の刊行で、現在まで760回を超えている。全連小と共に歩み続け、その歴史をしっかり刻み込んでいる機関誌である。

お気に入り　私のお気に入りのコーナーが二つある。一つは、表紙裏の「今月のことば」と、「この道この人」というプロ根性シリーズのコラムである。教育関係者以外で、この道一筋に生きてこられた方々の、極上の言葉や技が、綴られている。

　「今月のことば」はご本人が、「この道この人」はご本人または担当者の聞き書きであるが、ずしりと手ごたえを感じさせる。この方たちの人選は、余程のアンテナ強度と精度のよいネットワークがなければ出来ない。素晴らしいものである。

　もう一つは、目次の次ページにある「巻頭言」である。毎月、全

連小の役員が担当するものであり、特集題に関連しつつ校長としての在り方を、その人なりのタッチで吐露するものである。読む側に立つと、なるほどと感心しきりなのだが、書く側に回った時は、それこそ七転八倒の苦しみを味わい、何回も推敲し、期限ぎりぎりになって仕方なく手放す、というのが私の状況であった。他の執筆者も似たような思いをもっているのではないだろうか。

> 書く側
> 苦闘

　全国紙の朝刊の一面最下段にあるコラムを担当する人の話を、かつて聞いたことがあるが、その苦しみたるや想像を絶するものである。何人かの執筆者がいるそうだが、予定していた原稿が、事件や事故で突如変更せざるを得なくなることは日常茶飯のこと。それは、月刊機関誌の比ではなかろうが、それに似た心境を、巻頭言執筆者は味わうのである。

　常任理事・会長在任中に、私は5、6度、書かせていただいたが（書かざるを得なかったが）、胃の痛くなる思いはいつも変わらなかった。会長になって書いたものを以下に掲載する。新築校舎へ移転後、すぐの落成式典、開校10周年式典、研究発表へと続く毎日での会長職は、朝4時に起きて、挨拶文を考える毎日。

　その時々の状況を、振り返りながら、プロローグやらエピローグで補足してみた。　　　　（平成26年（2014）8月31日　記）

1．新しい年を迎えて

特集題『心をはぐくむ』

　　　　　　　　　　　　『小学校時報』平成16年1月号掲載
　　　　　　　　　　　　　全国連合小学校長会長　　角田　元良

　平成16（2004）年の新春を迎えた。改革の速さと量がますます増大している。本年が、未来を生きる子どもたちにとって豊かな一年となることを強く願うものである。

> 巻頭言

　鳥取県倉吉市に行く機会があり、思いがけない体験をした。街の中を流れる掘割に沿って白い漆喰(しっくい)壁に黒の焼き杉板の蔵が続く。大正時代に醬油や酒蔵として建てられたものである。落ち着いた佇まいに時の経つのを忘れ、時雨が来て慌てて近くの店の軒下に身を寄

> 倉吉

せた程であった。足止めとなると現代人の性急心が頭をもたげてくるからおかしい。辺りを見回したが休息できるような所はない。

近くの店の中を覗くと彩り豊かな手作り小物土産が並んでいる。ふと正札の付いた傘が目に止まった。それを求め、ついでに食事のとれる場所を訊ねると、二階で玄米カレーを食べさせてくれるという。渡りに船と階段を上がる。レトロな蓄音機等の調度品と色紙が品よく飾られている。カレーを食べ、何気なくメニューを見ていると石臼コーヒーという文字が目に入った。

> 小豆餡コーヒー

石臼でコーヒー豆を挽いてくれる。いい香りが店一杯に広がり、やがてお盆に乗せられた、ドロリとした感じのコーヒーが運ばれてきた。「小豆餡を入れてお召し上がりください。」一瞬耳を疑った。砂糖とミルクの代わりだと言う。ところが、小豆餡を入れるとストレートのときのドロドロ感が取れて、不思議なことにまろやかになる。絶妙なミスマッチである。苺大福を初めて食べたとき以来の異変である。

> ミスマッチ

人間は時に、視覚や脳細胞では計り知れないことをして、味覚を楽しませてくれるものである。奇をてらっているようだが、洋と和の融合であり、日本人ならではの独創であろう。こんな発想が今の学校経営にも必要なのかもしれない。

外を眺めると、晩秋の時雨の中に、赤瓦の白壁土蔵群がガラス越しに歪んでゆったりと浮かんでいる。傍らの旅行雑誌に目を落としたら、この店は人気の名店とある。これだから、無計画の旅は面白い。すごく儲けた気分になった。

店を出てすぐ、アールの入ったバルコニーが目についた。その上に天女が舞っている大モザイクの壁画が見える。その下からちょうどニコニコ顔の児童が出てきた。「倉吉市立成徳小学校」とある。東京オリンピック翌年の創立90周年のプール開きに、当時の日本女子水泳界のホープ・木原光知子選手が泳ぎ初めをし、130周年の昨夏、そのプールの新装竣工に再度木原さんに泳いでいただけたという「夢の実現」を果たした学校であることを、突然の来訪に快く応じてくださった西田校長先生からお聞きして感動した。

プールの向こうに見える打吹山(うつぶき)は学校の借景である。二人の童子

が太鼓を打ち、笛を吹いて、羽衣(まと)を纏って天に還ってしまった母を恋した、哀しいが、情愛豊かな民話の山である。

民話の山

近年の様々な事件の発生の度に、幼児期からの家族を含めた人との関わりや体験の不足が気になっている。意図的な教育と同時に、予期せぬ事の生じる体験の重要さを思う時、道徳の時間や『心のノート』の活用で道徳的実践力を高めることはもちろんであるが、総合的な学習の時間の一層の充実と「真剣な無駄」の効用に目を向けていくゆとりが、真に「心をはぐくむ」ことの大切な要素だと思えてならない。

真剣な無駄

子どもに豊かな夢や心を育てるには、教師に体験を伴った豊かな教養が必要である。地域の歴史や文化とふれあう、「道草の機会」をより多くしたいものである。

道草

（東京都千代田区立麹町小学校長）
（平成 15 年(2003)11 月 20 日 記）

【エピローグ】

平成 16 年の 1 月号に執筆したものである。15 年 5 月の総会で会長に就任し、全国各地の地区大会に行くようになった。地区大会の総会に参列し「挨拶」だけで帰ることもあれば、中央の教育情勢についての講演を頼まれ、1 時間ほど話すこともある。この月の『小学校時報』の主題は、「心をはぐくむ」であった。私は以前から心を育むには、精神的なゆとりが必要であり、そのためには「無駄な時間」が必要であると思い、機会あるごとに語っていたことであった。『無駄』は、馬の背に荷物のない状態である。人間からすれば無駄かもしれないが、馬にとっては、この上なき安らかな状態である。駄のない状態で、自由に草を食み、ゆったりと歩ける時間、それこそ馬にとっての至福の時間であろう。

人間も無駄が必要である。知らない土地で、道草をし、予期せぬことに出会い、思わぬ発見をする。それは極上の楽しみとなり、「真剣な無駄」となる。

出会い
発見

鳥取県の倉吉市での出会いは、まさにそうであった。午後から始まる総会迄の 2、3 時間の「真剣な無駄」の時間であった。ミスマ

ッチに出逢い、人と民話に出会った。そこで生まれた巻頭文である。

（平成 26 年（2014）8 月 31 日 記）

【プロローグ】

姿勢　　次の巻頭文も出会いである。会長就任の折の総会挨拶で、「姿勢のよい校長」になろうと話した。姿勢とは、「姿」と「勢い」である。姿は、外見から見える「姿・かたち」、「笑顔」などであり、勢いは、内面の「意欲」や「信念」である。それで、「姿勢のよい校長」「姿勢のよい校長会」を常々唱えていた。4月号は、道徳教育の充実と規範意識であった。

　　山形の地区大会に参加して、かねてからリーダーとして、惹かれていた上杉鷹山公にスポットを当てた。困窮の米沢藩を、実学により立て直した名君である。

　　もう一人は、雨降る夕昏に出会ったタクシードライバーの言動から思い至った経営者の姿勢である。優れたリーダーとなる指導者や経営者は、日常生活において道徳的実践力を率先して発揮し、己を厳しく律することで、所属職員にその姿が移っていくものである。そんな思いで、平成16年4月号に書いた。

（平成 26 年（2014）8 月 31 日 記）

2．豊かな心をはぐくむ学校経営

—道徳教育の充実と規範意識の高揚—

『小学校時報』平成 16 年 4 月号
全国連合小学校長会長　角田　元良

　　平成16年度を迎えた。国内外の社会情勢、政治・経済の動向等、相変わらず難しい状況であるが、リーダーの意識で、共に行動する人の意欲が高まってくるものである。こういう時代だからこそ、地域社会の中核としての機能を果たす学校の最高責任者である校長は、その"姿"と"勢い"に魅力を感じさせるものを発揮していかなければならない。

ビジョン　　その源は、信念をもった先見性のあるビジョンである。指導者がより高いビジョンをもち、教職員・児童・保護者・地域に誠実に語

りかけ、実践する姿勢に、人は魅力を感じ、一緒に目的を達成しようと努力してくると信じている。

上杉鷹山公

かつて、ケネディ大統領が尊敬する日本人として挙げた人に、上杉鷹山公がいる。民の意識を理解し、共に実践しながら米沢藩を立て直した名君である。彼は、実学を信奉していた。実学は実践第一だが、「マニュアル第一」ではない。実践第一とは「有徳の民」とすることである。彼は藩校を設立し、「興譲館（こうじょうかん）」と名付けた。興譲とは、謙虚な心を興すことである。自分を常に未熟な者として、その至らなさを反省しつつ、真摯にその道に励むことを旨として命名したのであろう。謙虚を尊び傲慢を憎むことは、指導者たるものが常に堅持しなければならない訓戒である。「物事をよく知っていても、正しく実行しなければ何の役にも立たない。学んだことを自分に当てはめ、よく考え、人のため国のために尽くす信念が肝要である」というのが鷹山の学問の基本方針であった。

単に利益確保にとどまり、その根本をなす人間の在り方を忘れては、学問ではない。人間としての規範を弁（わきま）えた人々によって形作られる社会が、彼の学問の究極の理想であった。それを自ら実践し、民の規範意識を高めた指導者であったことに、彼の大統領は感銘を受けたのであろう。

タクシードライバー

雨の降り始めた夕暮れに空車を待っていた。こんな時は、逆方向ばかりに空車が目立つものである。突然、反対車線から黒塗りの車がUターンして目の前に止まった。と、運転手が右側前のドアから飛び出してきた。どうしたのかといぶかしく思っていると、グレーの制服をきちんと決めた若いドライバーが、帽子を取って深々とお辞儀をしてきたので、またびっくりした。「ご利用いただき、ありがとうございます」と言いながら後ろのドアを手で開け、「どうぞ」と言う。ちょっと不安だったが、言われるままに車に乗り込んだ。「ドアが自動になってないものですから」と言い、「どちらまで行かれますか」と尋ねる。言葉遣いも丁寧だ。「近くて悪いんだけど、○○駅まで」と言うと、瞬時に「とんでもありません。お客様あってのタクシーですので……」と見事な対応である。少し走った所で、「何という会社ですか」と尋ねたら、初めて聞く社名が返ってきた。

今年から東京で許可が下りた、本社が関西の会社だと分かった。こんな気持ちがよくて、安いタクシーに出会うことは稀である。この会社の経営者はどんな会社経営・人間教育をしているのであろうか。マニュアルを越えた、何かがあるのだろうと思いながら、軽やかな気持ちで次の会合に臨んだ。

今、次代を担う若者の行動や思考を見て、道徳教育の充実と規範意識の高揚が強く叫ばれている。私もそう思う一人である。と同時に、指導者や家庭や地域社会に、その"姿"と"勢い"で、模範たらしめるものがあるか反省する必要もあろう。共に実践の時である。

（東京都千代田区立麹町小学校長）

（平成16年（2004）2月15日 記）

【プロローグ】

平成17年の新年号となる巻頭言である。この文は、何度も書き換え、ものすごく苦しんだ思い出がある。裏話だが、正月を前に10月頃から各界の代表者に宛てて、10社以上の新聞や専門誌から、新年の抱負やら現状認識等の原稿が殺到する。全連小会長にも教育専門誌からバラバラと依頼が入る。皆同じにしてしまえば簡単なのだが、原稿の字数も違うし、見識を問われるので、ない知恵を振り絞り、見識をオブラートに包んで、軸足をぶらさないように気を付け、表現を少し変えて、期限までに提出する。

平成16年から17年にかけては、小泉内閣の「三位一体」「構造改革」の名の下、義務教育費国庫負担制度の問題で大揺れの年であり、中央教育審議会が週に2回も3回も開かれた。そんな中で、ひねり出した巻頭言だが、なかなかまとまらず、ビジョンの構築と、子どもたちの夢につながることを、どう文章化するかで悩んだものであった。

因みに、文章の締めくくりに出てくる北島康介選手は、私が、文京区の千駄木小学校の校長になる前の月に卒業し、隣の文林中学校の一年生になっていた。お母さんが卒業対策委員をなさっていて、学校に大変協力してくださって、卒業後に何度か話をしたことがあり、文林の入学式には、「チャレンジ」と言う話を入学の 餞（はなむけ） とし

て話しており、私の中では、北島選手は、教え子になっている。小学校最後の記録会で出した 36.3 秒は、決していいタイムではない。むしろ平凡なタイムと言っていい。だが、彼は、このタイムを小学校の思い出として、大事に卒業アルバムに記録し、機会あるごとに、千駄木小学校に来ては、後輩たちの前で、あの世界の泳ぎを見せてくれている。まさに有言実行の華のある、好青年である。

(平成 26 年(2014) 9 月 1 日 記)

3．新たなビジョンの構築と真に豊かな学校づくり

―子どもたちに盤石な基礎力と大きな夢を―

『小学校時報』平成 17 年 1 月号
全国連合小学校長会長　角田　元良

あけましておめでとうございます。激動の時代にあって、教育改革の動きが更に加速している。「義務教育の改革」に続く「甦れ、日本！」の提言は、新たな変化の兆しと早急な対応を求めている。自然資源の乏しい日本にあって、世界に通用する気迫と品格のある健全な人間を育てることができるのは、教育をおいて他にない。だからこそ、残すべきもの、変えるべきもの、甦らせたいものの見極めが重要になる。そして、その見直しの論議は、各界がこぞってやらねばならないことである。しかし今は、経済・財政の論理が主導となっており、性急過ぎる進行計画に若干の危惧を禁じ得ない。教育の安定性、永続性、発展性にかんがみ、拙速を避け、厳しい変化に十分耐えられるものでなければならない。特に教育制度の改革は、国際社会を見据えながらも学問的な研究に裏打ちされた文明史的な見方に基づく日本独自の発想が必要であり、安易にグローバル化の風潮に頼ることは慎みたい。教育界からは、現場を預かり日々直接子どもと向き合っている校長の衆知を結集・熟考し、きっちりと議論に参画し、日本の将来に責任をもって、発信していくことの必要性を感じている。

このような改革期に、リーダーの存在は極めて大きい。早稲田大学名誉教授の中沢弘氏は、「リーダーはビジョンをもたなくてはいけない。真のリーダーのいない組織は凋落の運命をたどり、ビジョ

気迫と品格

文明史的な見方

ビジョンと夢

リーダー

　心に
　火を

ンなきリーダーは組織を崩壊させる。『ビジョンは、実現したいと思って心に描く未来像（意志）』であり、『夢は、将来実現したい願いであり、ビジョンの前段階』である」と述べている。さらに、リーダーシップは「メンバーの心を統合して、夢やビジョンを実現する力量である。心の統合とは、メンバーの心に火を点けることである」と明解に語っている。ミスを認めずクレームを隠し続けた会社経営者、製造現場を知らない工場主。銀行、大手スーパー等のトップが頭を下げる映像は、ビジョンなきリーダーの姿である。逆に、ビジョンあるリーダーで組織は蘇る。その代表格は、日産自動車のカルロス・ゴーン氏である。さらに、西堀栄三郎氏も真のリーダーの一人である。11歳の時、白瀬中尉の南極探検の活動写真を見、是非南極に行きたいとの夢をもち、昭和32年（1957）に最初の南極越冬隊長となった人である。「強い願いをもち続けていれば、必ずチャンスはやってきます。そのとき、躊躇なく勇敢に実行を決心することです。物事には、最初というのが必ずいっぺんあります。

最初

最初のないものはありません」と。世界の0.3％の国土しかない小さな日本だが、世界の15.7％のGNP（国民総生産）を占めている。日本人には、科学技術を始めとする高い潜在能力と頑張りがある。その源は、学問の基礎を盤石にしている初等教育であるとの自負を強くもちたい。

北島康介
選手

　オリンピックで金メダルを獲った北島康介選手は、小学校最後の記録会で出した36.3秒を「僕にとってとても楽かった小学校のプールで出した大切なタイム」と今も大事にし、後輩たちに『夢を大きくもって、大きな人間になろう』と呼びかけている。小学校時代に一人でも多くの子どもが大きな夢をもてるよう育てることが、我々校長の責務である。新たな気持ちでビジョンを構築し、子どもたちにとって真に豊かな学校づくりに挑戦していきたい。

（東京都千代田区立麹町小学校長）
（平成16年（2004）10月20日 記）

【エピローグ】

　「気迫」と「品格」は、私の好きな言葉の一つである。これは、何

ネタ探し　145

を隠そう初めて校長になった文京区立千駄木小学校の学校教育目標の一部である。

　近年、「品格」という言葉が聞かれなくなったと思っていたら、どこかの大学の学長が書いた本の題名に使われ、ちょっとしたブームとなったが、しばらくの間、日本人には、「死語」に近い存在であった。私は、品格だけでも駄目だし、気迫だけでも駄目だと思っている。人間は、「気迫と品格」の両方を備えていないと、「エコノミックアニマル」や「お人好し」になってしまう。両方を備えもつリーダーになりたいものである。その意味で、西堀栄三郎さんは、真のリーダーだと思っている。初めてのことに果敢に挑戦し、成し遂げていく姿勢は見事としか言いようがない。

(平成26年(2004)10月5日 記)

4．教職員の資質・能力を発揮させる校長の役割

『小学校時報』平成17年4月号
全国連合小学校長会長　角田　元良

　平成17年度が始まった。昨年の自然災害の爪痕残る、新潟県中越地域をはじめとする被災地の学校。ガスマスク持参ながらも5年ぶりの帰島叶った三宅島の学校。政治的・経済的な思惑で市町村合併が宣告され、短期間での閉校・異動・統合、やっとの思いで開校に漕ぎつけた学校。雪深い復興地の学校も、火山ガスや荒波寄せる海沿いの学校も、苦難の中で開校した学校も、春の息吹に歓びが湧き上がっていることを願うものである。子どもたちの緊張の表情に晴れがましさが漲り、地域に活気が甦り、人々に活力が生まれる時季。春と入学式が切り離せない最大の理由がここにある。新一年生、入学式、学校に、日本人の多くが春を感じ、勢いをもらっているのである。　　　　　　　　　　　　　　　　　　　　　　　〔春の息吹〕

　これが日本という風土に根ざした伝統であり、よさなのである。全てのことが、合理的に割り切れるものではない。効率ばかりを求めていくと、振り子が振れ過ぎる恐れがある。適正感覚を表す、ちょうどよい塩梅（あんばい）、ほどほど、身の丈に合った、という慎ましい言葉　　　　　　　　　　　　　　　　　　　　　　　〔風土伝説〕〔塩梅〕

が日本人の感覚に合い、それが文化として受け継がれてきている。死語になりかけた「もったいない」が、ノーベル平和賞を受賞したケニアの環境副大臣ワンガリ・マータイ女史によって国際語になったように、錯覚した豊かさの感覚を、日本人の自らの意識で適正に戻す時機である。

豊かさの錯覚

さて、いよいよ平成17年度が来てしまった、という感じである。平成の大改革が動く前年度である。文部科学省が、義務教育改革として中央教育審議会に諮問している様々な課題の多くは、この夏には中間報告され意見聴取を経て、秋には答申、そして法制化され実施の運びとなる手はずである。

今の審議課題は、義務教育費国庫負担制度の存続の如何を問う、国と地方との役割分担の問題、義務教育年限や区切り等、教育制度の弾力化の問題、学習指導要領の改訂に関わる問題、教職員の養成並びに資質の向上に関わる教員免許の更新・上進制の問題、特別支援教育等である。更には、中央教育審議会の答申を得て政府で検討中の教育基本法の問題、各県で検討中の自己申告・業績評価、それに連動する教員の職階及び給与の問題等々がある。

育てる

これらの全ての基盤は、教員の資質の向上にある。教育は人なりの言葉を持ち出すまでもなく、優秀な人材を輩出するためには、優秀な教師が必要であるということは、極めて順当な論理であり事実である。教特法には、教員は、絶えず研究と修養に努めることが義務付けられている。校長は適時に研修の場を与え、教職員を育てていくことが必要である。それも一年や二年のことではなく、十年程度の中長期のスパンを見通したキャリアプランを立てさせ、それに適切な助言と示唆を与えられなければならない。専門性の高い校長の下に、良い教師が輩出されているという事実を重く受け止めたい。同時に、教職員の職責の重さに見合った処遇を獲ることにより、魅力ある職にしていかなければならない。諸外国での、日本の教師の評価は極めて高い。その教師の心に火を点け、更に向上心と教育愛を奮い立たせるような免許更新制の導入にしなければならない。

キャリアプラン

日本の元気は子どもの育ちにある。子どもの育ちの基盤は家庭である。おらが町の学校、我が子の先生という、家庭・地域社会が学

ネタ探し 147

校と一体となった日本の風土を甦らせ、子どもを育てなければ日本は危うい。信頼に足る教師づくりは校長の願いであり使命であり、日本の基である。

校長の願い

(東京都千代田区立麹町小学校長)
(平成17年(2005)3月1日 記)

【エピローグ】

　平成17年4月号に書いたものである。したがって、この巻頭言の号を手にした時に、私は校長を退職していた。自分の身の回りの整理もままならない、慌ただしい年度末でのことである。4月からは、新しい職場で新たなスタートを切ることが決まっていたのだが、会長職は、5月総会の前日までだから、新生活がどうなるのか不安の中に身を置きながら、書いたものである。

　そんな不安が、冒頭の文に伺える。新潟県中越地震に遭い被災民と共に新年度を迎えた地域の学校、帰島は叶ったがガスマスク持参の三宅島の学校。さらには、平成の大合併で閉校・異動・統合、やっとの思いで開校に漕ぎつけた学校。雪深い復興地の学校も、火山ガスや荒波寄せる海沿いの学校も、苦難の中で開校した学校もある。といった内容を書き綴った。本来なら、春の息吹に歓びが湧き上がっている時期なのに、である。私の知り合いに市町村合併の上、新校立ち上げに苦労していた島根の校長先生がおり、新潟や三宅島の校長先生もいらした。多くの改革が目白押しに襲ってくるの中で、全国の校長先生たちの心に火をつける役割が、会長の仕事なのだと、自らを奮い立たせて書いたものである。

(平成17年(2005)7月25日 記)

5.『小学校時報』を読み返して

　今、この原稿を書いているのは、平成26年9月である。激働のあれから10年が経った。文章を書くことに追われた生活から解放されてホッとしている。

　教育基本法が改正され、それに伴って教育三法が変わった。大きな教育の転換期から10年が経った。学力重視の方向に進路を切っ

て、現行学習指導要領は、中間点を少し過ぎたところである。いつの時代も、現場は追われっ放しで大変であるが、頑張るしかない。

過日の新聞で、総合的な学習の時間をよくやっている学校は、学力テストの点数が高いとの相関が出た。「学力重視」と「経験重視」という教育観は、振り子のように振れてきた。学力を変える要素は、家庭環境や経済状況、自然環境等あるのだが、結果責任だけは学校現場に求められている。

平成20年度告示の学習指導要領は、「ゆとり」か「つめこみ」かの二者択一ではない、と言ってきた。次の学習指導要領は、どうなるのだろうか。「考える力」や「活用する力」についての分析が進み、その育成がさらに求められるのだとすると、また、振り子の振れが大きく傾くのではないか、気になるところである。

条件整備をすることは、いつの時代にも行政に求められていることであるが、なかなか実現の道は険しい。第二次安倍内閣が発足し、少し景気がよくなったと言われて2年が経った。それが学校教育に反映されるといいが、待機乳幼児の解消に回りそうな感じがする。それはそれでよいことだが、日本国民としての基礎基本を教える義務教育にもっと目を向け、教育諸条件の整備に力を注いで行く必要を感じている。目先のことに追われ過ぎずに行きたいものである。

(平成26年(2014) 9月5日 記)

河合隼雄文化庁長官との対談

心をはぐくむ　新春対談

1．小学校時代の思い出……………………………………151
2．心理学を学ぶきっかけ…………………………………155
3．社会・家庭・学校は何をしたらよいか………………159
4．丹波篠山チルドレンズミュージアム…………………161
5．学校週五日制……………………………………………164
6．小学校長への期待………………………………………165
7．対談から、10年…………………………………………167

　全国連合小学校長会長のとき、機関誌『小学校時報』の「新春対談」という企画で、当時文化庁長官であった心理学者の河合隼雄先生と「心をはぐくむ」という題のもと、対談をするという機会をいただいた。

　偉大な先生との対談ということで、かなり緊張して長官室に向かったのだが、にこやかな笑顔で迎えくださり、和やかに対談してくださった。さすが心理学者、私の胸中をよく察してくださったと変に感心した。

　その対談の中で、目的をもって生きるということの大切さを感じながら、人間は人との出会いによって、いかようにでも変化し進化・深化するものなのだ、と感じたことであった。

　今、キャリア教育の必要性や重要性が叫ばれている。夢をもち、生き方について考え、将来の職業を見据えて、その準備や心構えを小さい頃からもつことは大切なことである。

　しかし、人間は時々刻々変化し、深化するものであり、人との出会いやいろいろな出来事によって、考え方も生き方も変わるものである。

　生物学者の福岡伸一教授によれば、人間の細胞は相当な速さで総入れ替えするという。だとすれば、職業観や人生観が短期間のうちに変化することも有りである。まして、長い期間が過ぎれば、その影響は強くなる。夢をもって生きること、目標をもって生きること

は大切だと思いつつ、変化を進化として柔軟に認める考え方を、誰もが許容することが、生きていく上で、大切なのではないかと感じている。

　そして何より、自分自身が変化を受け入れることだ。経済状況も変わる。自然災害もいつ起こるともしれない。家族の有り様も時代とともに変わっていく。そういう変化に柔軟に対応できる、たくましい心をもった子に育てることが、今の時代には必要なことではないだろうか。対談を通して、そんなことを感じた。

　河合隼雄先生の軽妙な語り口でありながら、奥深い言葉をご堪能ください。

新春対談　　　　　『小学校時報』平成16年(2004) 1月号掲載

　　心をはぐくむ

　　　　　　　　　　　　　文化庁長官　　河合隼雄（かわいはやお）
　　　　　　　　　　全国連合小学校長会長　角田元良（つのだもとよし）
　　　　　　　　　　司会 全連小 広報部長　大澤正子（おおさわまさこ）

　心の問題の研究者であるとともに、子どもの読書振興活動など様々な活動へ積極的に関わっていらっしゃる河合隼雄文化庁長官との対談である。　　　　　（平成15年（2003）11月収録）

１．小学校時代の思い出

司会　河合先生は丹波篠山という里山の風景がぴったりするところのご出身で、子どものころのことについていろいろな思い出がおありかと思いますが、まず会長の子どもの頃のお話から……。

角田　私が、生まれたのは昭和20年です。

河合　ずいぶん違うねぇ。私は昭和3年です。

角田　そうですか。私は昭和20年1月1日、深川で生まれました。3月10日に東京大空襲がありまして、まだ百日にも満たず首もすわらない状態で母の背におんぶされて空襲の中を逃げまわって、「よく一命をとりとめた」と、母が存命のときには、その晩の状況をよく聞かされました。もちろん私の記憶にはないのですが、その時の情景が、母の語りを何度も聞いているうちに、脳裏に浮かぶよ

〔東京大空襲〕

うになりました。

　疎開から帰ってきて足立区に住み、昭和26年に小学校に入りました。まだモノがない時代で米や酒、たばこ等は、配給制の時代でした。当時は学校も、入学のときは二部授業でしたね。早番と遅番が一週間交代でありまして、遅番のときは、早めのお昼を食べてから、11時ごろ家を出て教室へ行って「早番の授業が早く終わらないかなぁ」と廊下の窓からのぞいて待っていたものです。

　そのころは、足立区には、まだ田んぼがたくさんありましたね。田のあぜ道とか、寺の境内で道草をするのがとても楽しみでしたね。それからたった40年か50年しかたっていないのですが、ずいぶん様子が変わってきたなぁという感じがします。

河合　そうですね。特にこの二、三十年、ものすごい変化でしたね。私はもう一つ前の時代ですから……。

角田　どんな感じでしたか。

河合　我々の子どものころは、家で本を読む子は悪い子、外で元気に遊ぶ子がいい子（笑）、そういう時代ですね。勉強なんて、まあ出来るほうがええけど、そんなやかましゅう思ってないし。

　私は本を読むのが好きでしたから、悪い子のほうやったんです。ところが私は兄弟が多くて、それがまた元気者で、外で遊ぶのが好きで、山とか川とかしょっちゅう一緒に行きました。自然に囲まれて生きたということは、今から思うとほんとによかったと思いますねぇ。

　だんだん軍人の力が強くなってきて、「みんな軍人になって国のために死ぬんだ」というふうになって、辛くなってくるわけです。

角田　私なども「子どもというものは病気以外は家の中にいるものじゃない」と……。

河合　そうそう、家で本を読んでいるようなやつは不健康な子（笑）。

角田　でも、誕生日とかクリスマスとかのときに母親が、講談社の偉人伝とか……。

河合　ありましたねぇ。講談社の絵本。私の子どものころに出始めたんです。ぼくらのころはあれが50銭やった。あれが欲しくて欲しくて、なかなか買ってもらえなくて、一冊買ってもらうと兄弟で

［二部授業］

［悪い子よい子］

［絵本］

取り合いで何度も何度も読んでね。よく覚えてます。本がなくて取り合いで読むからいいんですね。今の子は可哀想です。ありすぎて。
角田　ぼくはあまり本好きでじゃなかったんですけど、でも昔は偉人伝というのは好きでしたね。エジソンだとかシュバイツァーだとか。そういうのは何回も読んだし、その場面場面が、年とってからふっと思い浮かんだり。
河合　そう、挿し絵がありますから。ぼくも本の挿し絵なんかはよう覚えてますねぇ。
　皇后陛下が『橋をかける』というご本に書いておられるのと同じ本を、ぼくも子どものとき読んでいるんですよ。すごく懐かしかったですね。ただ、皇后陛下が覚えておられる話とぼくが覚えている話は全然違うんですよ。関心が違いますから。

兄弟
角田　先ほど、先生はご兄弟が多かったと……。
河合　ええ、6人。男ばっかり。
角田　私は男ばっかり4人なんです。兄弟というのは、どうですか。
河合　やっぱりよかったと思いますね。私は兄弟で鍛えられたのが大きいと思います。なんでも分けないけませんし、

スイカ
スイカひとつとっても、母親がものすごい上手に切るものですからどれが大きいか分からんのやけど、それを兄弟で取り合いしたり。共同生活ということを覚えますし。

角田　うちは卵なんですよ。あのころは、卵がほんとに貴重でしたから、朝、

生卵
生卵を一つ溶いて兄弟4人でご飯にかけるんです。白身の部分か、黄身の部分か、いかに自分の好きなところをとるか、取り合いになる。兄弟が多いと、

いかにみんなで分け合うかという経験もしますね。
　ほかに、兄弟が多くてプラスになったことは……。
河合　私の場合は兄弟がそれぞれ性格も違うし考え方も違うし、親もそれを非常に認めていましたから、お互いに切磋琢磨になったというか。

切磋琢磨
大きくなってからは全然違う知識をお互いに教え合うことができるし、そういう点もよかったと思いますね。

父親が「みんなそれぞれ違って、それぞれ面白いんや」と、よう言うてましたよ。ぼくみたいに本を読むのが好きなのもおれば、外で活躍するのもおる。お猿の研究をしてる（兄の）河合雅雄、あれは運動会では花形でね、クラスの代表とか出るんですけど、ぼくが走って一番になったことはめったにない。というふうにみんな違うところが面白いんですね。

角田　そうですね。私は男ばかり４人で私が２番目なんですが、ライバル意識というんでしょうか……。　　　　　　　　　　　　　ライバル意識

河合　あ、２番目はライバル意識が強いんだ。

角田　兄が私と６つ離れているものですから、力では絶対にかなわない。勉強でもかなわない。なんとか兄を負かしてやろうと思ったり。

河合　そうそう。

角田　それから、兄が末っ子をかばうんですよ。

河合　どうしてもそうなる。

角田　そうすると私は３番目と結託するんですが、力じゃ絶対にかなわないんですね。進路の話になりますが、私はどっちかというと　　進路選択
社会科系が好きだったんですよ。ところが兄が大学で物理を専攻しましてね、兄がやっている物理というのはどんな学問なのか、まして半導体なんて言うのは、あの当時（昭和30年代の後半でしたが）全然分からない。それを何とか知りたいと思って東京学芸大学の理科を選んだんです。これはまさに兄へのライバル意識なんですね。

河合　そうですね。

角田　そしたら「新聞記者になりたい」と言っていた弟が工学部へ行ったり、その下の弟が測量の技術者になったり。上の兄の影響というのはすごいですね。

河合　大きいです、それは。私は職業までそうはならなかったけど、　　　　　　　　　　　　　　　　　　　　　　　　　　　　　趣味
読書指導なんかは、みんな兄貴ですね。映画も。兄貴が「これは面白い」と言うとパッと見に行きました。音楽でもそうでしたし、そういう点はすごい影響を受けてます。

角田　先生のお兄さんは、ご専門は……。

数学者　河合　1番上は医者です。2番目も医者。3番目が動物の学者。4番目が歯科医。私の下も医者です。私は初めは数学科で、みんな理科系やということは変わらないんです。医者ばかりやったら儲かっていかんから（笑）、動物学者と数学者と、全然儲からへんのが2人（笑）。

2．心理学を学ぶきっかけ

角田　先生が最初に就職されたのは高校の先生でしたか。

河合　そう。ぼくは高校の教師になるのが望みだったんです。一生高校の教師をするつもりで、「大学の先生みたいなアホなものにはならん」と豪語してたら、とうとうアホなものになってしもうて（笑）

角田　高校の教師になりたいという、動機は？

河合　教えるのがものすごい好きやったんです。もう一つは、取り立てて才能がないんですね。これでやる！　という才能はないんやけど、何やってもある程度はできる。こんなオールラウンドでいろいろ面白いことができるのやったら教師になろう、と。

　高校の教師になったときはうれしくてうれしくて、必死になって教えました。

角田　数学を、ですか。

臨床心理学　河合　数学です。ところが、その当時ですから年齢が近くて生徒とものすごく親しいでしょう。生徒が悩みの相談に来るんです。それを聞いてやるうちに、どないしてもこれは臨床心理学を勉強せんことには話にならん。しかしこれは日本人があまりやってないから、自分からやらないと仕方ない。だんだん変わってきたんです。

司会　ユング研究所に留学されたのはおいくつのときですか。

河合　留学しようと思ったのは結婚してからです。一生高校の教師でいくつもりが、やっぱりこういうことを勉強せないかん、これをするためには、日本に教える人がいないから英語でやらな仕方ない。

ユング研究所　英会話やろか、と思ってやりだしたのは結婚してからです。ユング研究所へ行ったのは34歳ですね、たしか。

角田　そうすると、10年ぐらい高校の先生をやって。

河合　いやいや、３年間です。あとはもう心理学を教えてましたから。あのころは私のようなことをやる心理学者はあまりいませんでしたから、先生が足らんかったんです。それで無理やり大学の先生になってしもうて。

角田　心理学を学びながら大学の先生をやってらしたわけですか。

河合　大学では心理学を学びながら教えていたんですよ。数学じゃないですよ。

角田　数学から心理学へということですが、記号などは心理学のほうにも関係しますか。

河合　いや、全然関係ないですよ。まったく違うところへ入ったわけです。だからぼくは原稿用紙に「１、２、……」と書く以外は数字は書かない（笑）。

角田　ものすごい勇気の要ることですね。

河合　勇気じゃなくて、必要に迫られて。どうしてもせざるをえなくて。

角田　生徒のことを分かりたいという……。

河合　そう。日本に教える人がいなかったらアメリカへ行かな仕方ない。何でもそうでしたね。これをやりたいから頑張ったという人生じゃなくて、だいたいが必要に迫られてやってきたんです。いま児童文学のことをやったりしていますけど、ぼくの仕事をするためにはそれが要るようになって、やりだしたら面白いからやる。みんなそうでした。長官はちょっと別ですけど……（笑）。

> 必要に迫られ

角田　ちょうどその話がでたところで、どうして長官になられたのかということを……。

河合　それも因縁を言うと長くなりますけど、心の問題を研究するようになって、アメリカやスイスへ行ったりして、日本人ということにすごく関心をもつようになったのね。日本人の生き方とヨーロッパ・アメリカと、確かに違いますから。そこから日本文化のことに非常に関心をもつようになって、日本の文化論とかそういうこともずいぶんやりました。そういうこともあったからかもしれませんけど長官の話になって、これはほんまびっくりしました。

私のところに心の相談に来る人は、一番多いのが抑鬱症、気分の

> 抑鬱症

沈む人なんです。それまで仕事一途でやってきた人が抑鬱症になって、それでもなんとか死なずにいる。こっちも一緒に苦しみながらじっくり待っているんです。そうすると、今までそんなことしたことない人が絵を描きだしたり音楽をやりだしたり俳句を作ったり、そっちの方へポッと心が開くんですよ。そうなると治るんです。

治る

どっちに行かれるかは、こちらには分からんのですよ。ある人は絵をお描きになって、県展に出したら入選したとか。そうなったときには仕事もできるようになっている。職場の人に「ちょっと人間が変わったなあ」とか「豊かになったなあ」とか言われるんですね。

それを今の日本の不況に当てはめると、面白いことに「不況」も「抑鬱症」も同じ英語なんですよ。Depression―どちらも沈み込むわけです。「日本は不況で沈んでいるけれども、これを文化の力で上げたら日本中面白くなるやないか」と。

不況

で、ぼくが文化庁長官になったときに「『不況だ、不況だ』と言うとらんと、文化の力で日本中元気にならなあかん。経済力はもちろん大事やけど、経済力と文化力の両方でやっていってこそ元気になるんや」という話をしたわけです。それが今ものすごく受けてるんですよ。「文化力」という言葉もずいぶん遣われるようになって。

文化力

そうでしょう。「しごと、しごと」と言っている人はガタンとまいってしまう。日本は本当に豊かな文化をもっているのに、みんなそれをちょっと忘れてしまって、お金のことを考えすぎたと思うんですね。

角田　文化力というのをもう少し具体的に……。

河合　簡単に言うと、ご飯食べるのも文化力ですよ。ご飯の食べ方、お茶の飲み方、何の気なしにやっているそういうことを《ぼくらは面白いことやっとるやないか》と思うだけで元気が出てくるでしょう。日本の伝統的な文化もあるし。

日本人のいいところは、西洋のものをたくさん取り入れているんですね。だから今まで「仕事、仕事」で40年、50年やってきた人も、ちょっとオペラや、コンサートに行き、美術館に行ってみてはどうかと。

この間、関西の経団連の秋山会長さんと話していたら、面白いこ

とを言われましたよ。「ちょっと前までは大量生産の時代で、画一的にしっかりしたモノをたくさんつくることで勝負していたけれど、それはもう終わりつつある。もっと個性的で面白いことをやらんといかん。それには、簡単なモノばかりつくっていたらだめだ。ビジネスをやる人も工業にいる人ももっと文化的に目を開くようにならないと、日本は負けてしまう」と。だからぼくが言っていることは経済界の人も非常におもしろいと思っているんだ、と言われましてね。

> 面白いこと

　日本人はちょっと真面目すぎるんですね。教育でもそう。固く、ちぢこまっているでしょう。それをもうちょっと広げてみると結構面白いことがある。これからそれをやろうじゃないか、ということです。

角田　なるほど。仕事の中にある程度遊び心が入らないと、仕事だけだと行き詰まっちゃう。

河合　そうだと思います。教育でもそうですね。ただ、その混ぜ合わせ方は難しい。

角田　下手すると遊びばかりになっちゃったり。

河合　そう。そこ、がこれから大事なんじゃないでしょうか、教育でも。

角田　平成14年に新しい中教審がスタートした時には「ゆとりの中で生きる力」だったのが、いまは、「ゆとりの中で」がはずれて、「生きる力、確かな学力」というふうになっちゃいましたね。私は、ゆとりがなかったら生きる力なんて出てこないんじゃないかと思うんですが。

> ゆとり

河合　出てこないと思いますね。

角田　「ゆとり」が「ゆるみ」になっちゃいけないけれども。

河合　本質が分かっておれば、私はゆとりが大事だと思っています。ただそれを一般的に言うとみんな《ゆるみ》の方に行ってしまうので、ね。

角田　日本人って、遊び心というか粋(いき)というか、そういうのがありましたよね、江戸時代までは。いろんな統制があった時代にも、裏地の小紋で工夫してみたり。

遊び心　河合　そうそう、遊び心はずっとあったんですよ。ところが、西欧に追いつかなあかんと思ったときに急になくなるんです。分かるでしょう。《あいつに追いつこう》と思ったらカンカンになる。必死になって追いつかないかんというので、遊び心をなくしてしまってた。

　「日本人はユーモアがない」とよう言われるけど、何のことはない、江戸時代までいっぱいあったわけですよ。ちょっと昔の文学をみられたら、川柳もそうですし滑稽文学もそう、日本の和歌なんて、駄洒落と一緒やないですか（笑）。

掛け言葉　かけ言葉いっぱい遣って、一つのことを言うてて二つのことを言うてますね。それが、「西欧に追いつけ」と言うたとたんに急に、まさにゆとりを失ったんですね。「1＋1＝2だ」と。

　だけどこれは無理ないところもあります。追いつこうとする者はゆとりがなくなるんです。そうやってここまで追いついたわけですから、それも失敗とは言えないですね。しかし、「このへんでちょっと考え直しましょう」と言うたら一番いいんじゃないですか。

3．社会・家庭・学校は何をしたらよいか

角田　今やっと経済的なところでは追いついて、ここから日本人が、昔からもっていたゆとりとか遊び心とか粋だとかいうものを発揮していこうということですが、学校教育ではどうでしょうか。

学校教育　河合　学校教育はなかなか大変です。なぜ大変かというと、西欧的な知識・技術は、これは絶対に教えないかんわけでしょう。それをやらなかったら学校やないんですから。

角田　ええ。

創造活動　河合　そこに、いまおっしゃったような日本的なものを入れるとなったら、これはすごい創造活動ですよね。外国の真似はできない。江戸時代のままやったって通じんわけですから。それは先生方、難しいはずですよ。

　親も、何を教えたらいいか分からなくなっているんです。だからみんなお勉強のことだけ言うわけですね。お勉強はちゃんと点が付くから、分かりやすいから。本当は点の付かないことで大事なこと

がいっぱいあるんですが、これがなかなか簡単に言えないところがあって。

　それに西欧にはいちおう教会というものがあって、教会がいろいろなことを教えていますね。そして学校へ来るから、学校はわりと知識・技術だけでいいんですよ。ところが日本はいま、「勉強は家で教えますから、学校ではしつけをしてください」（笑）。

　ぼくは昔、中教審の委員をしていたときに「学校で勉強としつけと両方やってくれと言うんやったら、教員の給料を倍にしてくれ。こんな少ない月給で二つもやれるか」と言うたことがあるんですけど、ぼくはそう思いますよ。先生に対する期待、学校に対する期待がムチャクチャ大きい。「そんなこと言うてないで日本全体で考えましょう。家庭も地域も学校も考え直さなあきませんで」ということを、しっかりと言うべきだと思います。それをみんな学校に押し付けて「やれ」言うんやったら、先生の給料を３倍にして超人的な人がやらないと、できんですよ。

家庭
地域

角田　そうですね。あまりにも学校に対する期待が大きすぎて、いまは「食育」ということも言われています。学校給食は確かに年間180回から190回ぐらいありますが、食生活全体からすると3分の1もないですよね。そうすると、学校は応分の働きをしなければいけないにせよ、本来はそういうことは家庭がやるべきだ、と。

河合　それはそうです。それはみんな分かってるんだけど、日本の今までの伝統ではそう簡単にいかない。これをどう考えるかいうたら《地域社会と家庭が一緒にやっていくときに、なるべく学校の先生が頑張ってその中に入っていきましょう》というふうに考えたらいいんじゃないでしょうか。《学校ではやりません。地域と家庭が頑張ってください》というのは、日本ではできないです。

　家庭教育にしても地域教育にしても「学校の先生も入って、いろいろヒントを与えたりしますので、地域の人も学校へ来て、我々がやっていることを見てください。地域でももっと考えてください」というふうなやり方を、これから考えていくべきじゃないでしょうか。

　そうしないと、地域、地域と言っても昔の地域のやり方だったら

個性なんて育たないですよね。「みんなと同じようにやれ」というのが地域だったんですから。ちょっと変わったことをしたら評判が悪かったんですから。

<small>新しい「地域」</small>

だから「地域が大事や、昔に帰れ」はもうできない。新しい「地域」を創り出さないと。新しいことをやろうと思ったらみんなで考えないかん。みんなで考えるときに「教員はそこに参画しましょう」という決意が要るんじゃないでしょうか。

4．丹波篠山チルドレンズミュージアム

<small>丹波篠山</small>

角田 先生がいま丹波篠山で町ぐるみになってやっているチルドレンズミュージアムは、今のお話の延長線上にあるような感じがするのですが……。

河合 その通りです。そうするといろんな人が集まりやすいし、ボランティアの人もたくさん出てきますね。もちろん先生方も来られるし、今はいろんな人がジャンルを超えて接触しながら、そういうことを考える必要があるんじゃないでしょうか。

ぼくは新聞社に「あんたら、へんなのばっかり書くな。ええものもたくさん書け。学校の先生でもええ先生はいっぱいおるのに、ちょっと悪いことをしたらボーンと大きく、日本中の学校の先生が悪いみたいに書く。あれはやめてくれ。よい先生がおるとかよい子がおるいう話は、新聞に書けへんのか」と、よう怒るんですよ。そうしたら「先生、それは無理ですわ。隣の家は幸福ですと書いても記事にはならんけど、隣の家で殺人があったと書けばみんな読んでくれる」（笑）。

<small>心のノート</small>

私は『心のノート』のことがあるから東京や京都の学校で教えたりしたけど、その感じで言うと、いまの子どもの方がよっぽど優秀やね。ものすごい表現力があるし、ぼくらのころは先生に何か言われたら「はい」言うとるだけで、みんな下向いていましたよ。いまの子はみんな自分で考えて、バーッともの言うじゃないですか。ぼくは感心して「あんた方はぼくらの子どものころよりよっぽどすごい」と言うたんですけど。全般的に、なかなか大したもんですよ。日本の学校はよく頑張っている、とぼくは思います。

ただ、その中に特別な人が出てくる。というのは、いま言うた家庭教育の欠陥がバーッともろに出てきているんです。昔は、家庭がどうであっても地域でカバーしたり親類がカバーしたりしたものだけど、いまはカバーがないんですね。だから極端に気の毒な子が出てきて、それが新聞にパッと出る。そうすると日本中が悪いように思うんだけど、ぼくは日本全体としてはなかなか素晴らしいと思う。

角田 確かに、人間がたくさん集まればいろいろな人が出てきますよね。出てきてもらっちゃ困るんだけれども……。

河合 そう。ただ、その人たちがあんまり可哀想だから、これをどうするか考えていかにゃいかん。というのは、昔は何となく全体的なカバーがあったのが、いまはそれがなくなっていますから、気の毒な子はムチャクチャに可哀想なんですよ。お金がなくて可哀想なんじゃなくて、お金があって可哀想な子はいっぱいいますよね。

ある社長さん―自分は苦学して働きながら大学まで行って社長になった人なんです―が、中学生の息子が学校へ行かへんというので「私の時はこうだった。今の子はなんや!」言うてカンカンになって怒っているんですよ。

「お父さんはそう言われるけど、お父さんは勉強が好きだったんでしょう」。

「好きやからやったんです」。

「お宅の子どもさんは勉強が嫌いなのに行かされているんですよ」。

「はあ、うちの子は苦学してます」(笑)。

勉強したくないのに家庭教師が5人も来たんじゃ、死にそうになりますよね。そういう子は、横から見てたら可哀想な子に見えないのですよ。「お金はある。モノもある。家庭教師が5人もついてる。結構や」言うけど、本人にしたら昔の子どもよりよっぽど苦しいですよ。ぼくらの頃は好き勝手なことをしていたんですから。

お金とモノがあって不幸になっている家が、いま多いんですよ。 不幸
そして、そういうばかなことが起こっている家というのはなかなか救いにくいんです。それをどうするか。子どもの幸福いうことをみんながほんまに考えてくれたらええんですが。

司会 河合先生のところも会長のお家もご兄弟が多くて、親のほう

も懐が深いと言いますか、一人一人個性が違うということを認めて育ててこられたわけですね。ところが今は子どもの数が少なくなって一分の一の世界ですから、時間もモノも親からたっぷりもらっている。けれども先生がおっしゃったように幸せじゃないという……。
河合　心がなくてモノがあるというのは、一番不幸ですよね。
角田　親の期待が強すぎるんじゃないかという感じがしないでもないんですが。
河合　うちの親も期待しとったんでしょうけど、カネと時間がないからうまいこと釣り合いが取れていたんですよ。いまは釣り合いが取れないのです。

　だからいまの方が親は難しいですよ。昔は子どもが多いから、一人つかまえて「勉強せえ！」と説教しとる間に４人は遊びに行ってる（笑）。うまいこといってたんですよ。いまはもうばっちりできるでしょう。できるけれどもあえてやらないというのは、難しいですよ。いまの親はそこまで賢くならないと、子どもは可哀想ですね。うちの子の本当の幸せは何か、と考え直してくれんと。

　そういうことを上手に親に言うてあげる、それこそ校長先生の役割やと思いますけど。
　（中略）
角田　文化庁の来年度予算編成を見ていましたら、学校で映画会を開くとか……。
河合　そうそう。
角田　これは子どもたちが観るだけじゃなくて。
河合　親と一緒に。
角田　昔よく、校舎に垂れ幕を張って、そこへ照明を当てて映画をやりましたね。
河合　そう、スクリーンが風に揺れたり（笑）。
角田　親子で同じものを観るというのはいいですね。
河合　この間、俳優の加藤剛さんと対談したんです。あの方の『伊能忠敬』を観たという話をしましたら、「あれは親子三代で観てほしいんです。それを狙っているんです」と言われましたよ。確かにあれはおじいちゃんが観ても小学生が観ても面白いんじゃないです

親子で映画

河合隼雄

か。親子でとか、おじいちゃんと孫とか、そういう組み合わせでやることを、ぼくらももっと積極的に考えてもいいんでしょうね。
角田　私らは小・中学校時代に、南極大陸の物語とか、ああいう記録映画を観に学校の映画教室で連れて行ってくれたんですよ。（観測船の）宗谷が閉じ込められてオビ号が来たシーンでは、みんなワーッと拍手するんです。ああいういい映画を大人も一緒に見るというのを……。
河合　それはもっとやっていいと思いますよ。「うちでは親子でテレビ観てます」と言うけれども、これは映画館で映画を観るのと全然違うんですよ。だからせめて、面白い映画を親子で観るというのはもっと積極的に。こっちもそれは考えますけど。

5．学校週五日制

角田　ただ、学校週五日制の中でそれをやろうとすると……。
河合　だから土・日に、地域の人なりボランティアなり、そこへ学校の先生も入り込んで、どういう面白いことをするかを考えていったらいいんですね。
角田　それは国がやるものなのか、各地域が考えるものなのか……。
河合　ほんとうは自然発生的なのが一番いいんです。そんなところで国はものを言わん方がいいんだけど、日本の場合はどうしても、国がちょっと言わないとやりにくいですね。
角田　このごろ、特に東京では江戸開府 400 年ということで各地でお祭りが盛んですね。
河合　やってますね。
角田　子どもに山車を引かせたり御輿をかつがせたり。「地域」とか「コミュニティ」なんてかっこいいこと言わないで、親父さんと子どもたちが一緒になって、ワイワイ一つのことをやっていくというのが、少しずつ出てきつつあるのかなという感じがしますが。
河合　日本流に、そういう自覚がちょっとずつできつつあるような感じもしますね。そこをもう一押ししていく。そうすると《カンカンになって「勉強、塾、学校」と言うてる人が結局は不幸になっていくんや》ということを、みんな自覚すると思いますね。だいぶそ

ういうことが分かってきていると思うんです。
司会　週五日制でそういった活動が少し芽生え始めてきているかなと思いますね。地域ぐるみとか親子とか、人間関係の広がりができつつあるのかなあという気もします。
河合　ちょっとモノの方に頑張りすぎて、これはどうも怪しいということに、みんなが気が付いたところじゃないですか。
角田　そういう中で、いま教育が政治の中に取り込まれようとしているところがありますね。例えば週五日制を見直すとか。せっかく根付き始めた週五日制が政治に左右されるのは困るなあ、と思っているんですけれど。
河合　そう思いますね。そんなにちょこちょこ変わってしもたら困るんで。だいたい、週五日制というのは世界の趨勢ですから。世界はみんなそれでやっているんですから。

　教育で難しいのは、パッと素人目に分かりやすいことを誰でも言うので、どうしても論争のタネになりやすいんですね。しかし、本当にやっていくのは大変ですよ。思い付きではできませんから。あまり思い付きの材料にされると、ぼくらも残念に思います。

６．小学校長への期待

角田　そろそろ時間が来ているのですが、校長に対しての期待と言いましょうか……。
河合　校長先生はもちろん学校のことがすごく大事ですけど、いま言うたように、家庭と地域と学校とが結び付いていかなければいけないので、そのへんで、いま我々が話し合ったような面白い動きが起こるような働きかけをやってほしいですね。
　それから、先生の中で何とか頑張って思い切ったことをしようとする先生がおられますね。それをバックアップしていただきたいと思いますね。
　じつは、面白い先生がおられても、記事にならないというのが残念なので、私は、そういう面白い先生ばっかりと対談して本にしたことがあるんです。『こどもはおもしろい』（講談社刊）という本なんですけれど。

校長の役割

　そのとき思ったのは、そういう面白い先生の背後には必ず校長先生がおられて「うん、やれ、やれ」とおっしゃっているんですよ。面白いことを始めるにはやっぱり抵抗がありますね。始まりはガタガタすることもあります。そのときに校長さんが「いや、それはやらせたらええんや」言うてバックアップしておられる。先生方のチャレンジ精神を支える。あるいは子どものチャレンジ精神も支える。

　一つ傑作やったのは、こういう話があったんです。その学校はいつも５月に各学級が一つの鯉のぼりをつくるんです。ウロコに願いを書いて「５年１組の鯉」とか「６年２組の鯉」とか、校庭にずらっと立てる。

　ある先生が、「今度は先生は黙っとる。おまえたちの考えでやれ」と言ったら、５年生の子たちが「鯉ばっかりで面白ないから龍を立てよう」と言う。先生は困られたけど、いったん「おまえたちでやれ」と言うたからにはしゃあない。みんなが龍をつくっているところへ校長先生が入ってきはって、おや、というような顔をされたら、子どもが「ぼくら、龍をつくってるんです」と言った。校長さんは「そうか。鯉は滝のぼったら龍になるんや。面白いこと考えたな」と言わはったんです。その龍を校庭に立てた。他の子たちもみんな面白がって承認したんです。

　その子たちが６年生になって、先生は今度は何が出るのかと心配だったけれども、頑張って「あんたらの好きなようにしなさい」と言ったら、「ぼくらは６年生や。６年生は学校の模範やから、模範になるような鯉をつくる」と言って、ちゃんとした鯉をつくったそうです。

　子どもと言うのはやらせたら自分でできるんやけど、その背後では校長さんがグッと支えてますね。《ちょっとぐらい変わったことがあっても大丈夫》と。それが大事やと思います。そうでなくて、《変わったことはせんといてくれ。なるべく大過がないように》（笑）というふうにしたら、面白くなくなります。

角田　校長先生が少し幅広く構えて、先生方を応援してやるということですね。

河合　そうそう。校長になっておる間に一つでもええから前例がな

いようなことをやってみるとか。
角田　なかなか難しいことですが。
河合　勇気が要ります。
角田　いやあ、難しいですね。いま校長はリーダーシップということがよく言われるんですが、いまの論理を使うと、校長があまりリーダシップを使いすぎると、先生方はどんどん萎縮していっちゃう、ということになりかねない。
河合　そうそう。リーダーシップというもの自体が、前へ乗り出すものではないんでしょうね。ぼくなんかリーダーシップがないから、文化庁はみんな頑張っていますよ（笑）。
角田　今日は大変いいお話を、ありがとうございました。

7．対談から、10年

　河合隼雄さんは、もういらっしゃらない。おおらかで包み込むような温かいお人柄でした。「教えることが好きで高校の数学教師になり、生徒のことが分かりたくて心理学の道に入った」という話。「仕事と遊び心」「子育て」「家族」「校長のリーダーシップ」等々、実に幅広く、それでいて自然に話が進んでいった。魅力的な人であった。

　今、学校週五日制の見直しがあり学力補充という名目で土曜授業が増えつつある。全国学力・学習状況調査の結果が出ると、毎年のように首長が物議を醸しだし、教育委員会制度の見直しや校長の指導力の問題に発展してくる。

　学校は若手教員の増加や保護者の様々な対応に追われ、校長も、副校長も、主幹教諭も慌ただしくしている。ゆったりと構えて学校や子どもを支える安定感が、どこもなくなってしまってきた感じがする。それは、東京という大都会だけの問題ではなさそうだ。これは由々しき問題だと感じている。

　ところで、対談の中身とはあまり関係のないことかもしれないが、私が対談を通して思ったことは、先生のお人柄やご兄弟の伸びやかさはどこから来たものかということであった。語ることは少なかっ

たが、スイカを上手に切りわけるお母さんと、「それぞれ違って、それぞれ面白いんや」と言うお父さんの育て方や考え方が、河合先生の土台にあるのではないかということである。

　それは、バランス感覚と信頼感ではないかと思う。親が子に与える最高の感覚であり、無言の教育のような気がする。特に「それぞれ違って、それぞれ面白いんや」という父親のゆったりと構えて、醸し出す信頼感は、子どもの大きく伸びようとする意欲を後押しする何物にも代えがたいものである。

　平成14年（2002）にノーベル化学賞を受賞した島津製作所の田中耕一氏は、受賞後の講演で、鋸の目立て職人であった父親の仕事姿をスクリーンに映し出し、「こういうことで世の中に役立つことを、父の背中を見ながら教わりました」と謙虚に語っている。寡黙な父親の姿・仕事ぶりをじっと見ながら、彼は、育ってきた。鋸の一つ一つの刃を、粘り強く研ぐ堅実でひたむきな父親の背を見、それが、人の役に立つことであると感じ、自分も一人の研究者として、世の人の役に立ちたいとコツコツと一つのことに打ち込んできた。それが、タンパク質の質量分析で、世紀の大発見を生み出したのである。

　実は、私の父も、職人であった。質の良いクレヨンを作ることに情熱を注ぎ、夏にべとつかず、冬には固くなり過ぎずに、いつも柔らかな色合いの出るクレヨンづくりに力を注いでいた。家の中には、蝋を溶かす匂いがいつも立ち込め、顔料と蝋のバランスを調整する父の姿を見ながら育った。

　そんな父のDNAが私の中に流れている。

　伝道師だった母のDNAと共に。

　いつの時代も、どこの家庭も、子どもは親の姿を見ながら育つものである。

　今、悲しい報道に出てくる家庭には、子どもたちを包み込む温かさやゆとりを感じさせることが少なくなっている。そういう子どもばかりが、報道されているからかもしれないが、家庭内での信じられないような子どもへの虐待がある。夫婦間のDVも多い。河合先生の話にあったように、幸せな子どもはニュースにならない。幸せ

な家庭は、テレビCMでしか見られない。それは寂しいことである。
　少子化の日本で、子どもたちが好きなことに熱中できる家庭や地域の環境を作っていくことが、求められてしかるべき時代である筈なのに。

　学力は大事だが、意欲のない、疲れた子どもたちの姿でよい訳がない。溌剌とした、何かに打ち込む、意欲と夢に溢れた子どもの育成が第一である。
　家庭で、学校で、社会で、世界で。
　そのためには、教師が熱中しなければならない。それを校長が後押しする。
　そうすれば、子どもも楽しくなって、熱中する。
　楽しく熱中できれば、文化力は高まる。
　さすれば、生きる力が湧いてくる。河合隼雄先生の論である。
　明るい未来のために、先生の遺志を受け継いでいく役目が、私達にはある。
　バランスある適正感覚をもって、一歩前に進める役割が、我々にはある。
　　　　　　　　　　　　　　（平成26年(2014)11月25日　記）

おわりに

　心に残る先輩・同僚・仲間達がたくさんいる。
お世話になった心に残る方がたくさんいらっしゃる。
　一番に思い出すのは、小学校6年生の学級担任だった石川義三郎先生である。昭和31年4月に転入して来た私を心にかけ、温かい励ましの言葉かけをしてくださった。ある時、先生の住むアパートを友達と突然訪ねたことがあった。六畳一間きりの部屋から本が溢れ、廊下にまで積み上げられ、学問の匂いを感じた。
　盛岡の師範学校を卒業後、附属小学校の先生をされていたが、志を立て上京し、教鞭をとる傍ら、夜間大学に通っていらした。優しいが、時に、色白の顔を真っ赤にして、岩手弁で本気で叱る。私を教職に導いてくれた本当の恩師である。
　新卒の時の葛飾区立中青戸小学校の校長である池谷　保先生は本文にも書いたが、ロマンチストで、細身のダブルが似合う紳士であった。心の広い穏やかな方で、保護者会にノー原稿で温かい話をされる、静岡県生まれの人であった。私の校長モデルである。お酒が好きで強く、若い教員とよく語り、飲みにも連れて行ってくださった。締めは、行きつけのすし屋が常の、真似のできない凄い校長先生であった。
　2校目に中央区立久松小学校に異動して出会った大川弘治校長先生は、主席管理主事上がりの童顔の人であった。「寝るな、食べるな、勉強しろ」が口癖で、「学問の匂いのする話をしよう」と、飲むとよく言われた。飲み会の締めは、テルテル坊主の歌を「真面目に」と言って、指先を伸ばして踊りながら歌った、眼の優しい校長先生であった。「角田さんは、指導主事がいいな」と勧めてくれた人であった。
　大川弘治校長先生の後に来られた櫻井睦雄校長先生も主席管理主事だった。この本の編集中に亡くなられてしまった。中学校籍で小学校は初めてだった。校長訓話が難しすぎるとか生活指導主任が言うようなことは任せてください、と小生意気なことを言った私を、大きく受け止めてくださった。若手教員を抜擢し小委員会の長に据

え、組織の活性化を図られた。皇太子徳仁親王殿下をお迎えして110周年記念式典を挙行し、その後に行った、立山への職員研修旅行が忘れられない。指導主事に送り出してくださった校長先生である。

秋山慎三先生は、都立教育研究所の調査研究部長をされていた方で、指導主事時代からずっと目をかけてくれた先生である。難しい話を易しく面白く話してくださる、人間味豊かな先生であった。「角田さんねー、僕はね、大勢の前で話すのは苦手なんだよ」と言いながら、全都の指導主事300人程を前に、大風呂敷を広げて、楽しいが含蓄のある話をしてくれたことが、忘れられない。

まだまだ、沢山いらっしゃるが、特に影響を強く受け、亡くなられてしまった先生だけを掲げさせて頂いた。素晴らしい先生に巡り合えた。その先生方にお礼を言えないのが寂しく、また、申し訳なく思っている。

しかし、先生方の心を確実に受け止め、若い人を育てるのが、私の役割と思えるようになった今、教えを受け継ぎ、次の世代に確実にバトンタッチしていく役目を絶やしてはいけないと心に誓うものである。

平成27年正月、古希を迎えた。篆刻の師匠から号を頂き、未熟だが「古希伯雅」の印を彫った。裏表紙の蔭に押そうと思っている。赤みがかった飴色に透き通った美しい石は、柔らかい部分とガチガチに硬い部分のある難物である。この石も、私に強く語りかけ、思い出に残る、意味深いものとなりそうである。

70年を生きてきて、本当にいろいろな方々にお世話になった。「校長解任」で始まった本書は、自分の生きてきた中で、特に深く関わった人や事柄を通して、その時々に書いた文を振り返って、70歳の視点で、加筆したものである。

本書を読まれた教職に就いている人が、それぞれの年代で何をしたらよいか、考えるきっかけとなり、それがキャリアアップに繋がってくれれば有難い。繋がるか繋がらないか、今の私には想像はつかないが、少しでも役に立って、こんな考え方・生き方もあるのか、面白かった、と感じてくださる方がいらしたら、望外の喜びである。

最後に、こんな勝手気ままな仕事人間を見捨てずに支えてくれた家族にお礼とお詫びを言いたい。いつも夜遅く帰ってくる父を待つ小さい頃の子どもたちの手紙には参った。
　しかし、いつの日にか、人生のどこかで父の生き方に共感してくれることを願っている。
　支えてくださった全ての方に心からお礼申し上げます。
　ありがとうございました。

　　　平成27年（2015）5月　吉日
　　　　　　　　　　　角田　元良（伯雅）

カバー表：文京区立千駄木小学校要覧より
　　裏：千代田区立麹町小学校・幼稚園
　　　　（写真：青葉カラー提供）

【著者紹介】
角田　元良（つのだ　もとよし）

［経歴］
昭和20（1945）年1月1日　東京都の深川に生まれる。3月10日、生後70日で東京大空襲に遭い九死に一生を得る。疎開後、足立区で育つ。

昭和42年東京学芸大学初等教員養成学部理科卒業、同年葛飾区立中青戸小学校教諭、昭和49年中央区立久松小学校教諭、昭和59年田無市（現西東京市）教育委員会指導主事、平成元年東京都教育委員会人事部指導主事、平成4年練馬区教育委員会指導室長、平成7年文京区立千駄木小学校校長、平成10年東京都立多摩教育研究所長、平成12年千代田区立麹町小学校校長・同幼稚園長、平成17年聖徳大学教授兼聖徳大学附属小学校長、平成19年聖徳大学児童学部教授、平成21年聖徳大学大学院教職研究科教授（H24.3退職）
平成25年千代田区立教育研究所長（現在に至る）。

［社会での活動等］
昭和53（1978）年9月〜59年　　NHK教育テレビ6年理科TVティーチャー
平成15・16年度　　全国連合小学校長会長・東京都公立小学校長会長
平成16（2004）年12月　　文部科学大臣教育者表彰を受ける
平成17（2005）年2月〜21（2009）年1月　第3・4期中央教育審議会委員
平成21（2009）年2月〜23（2011）年1月　第5期中央教育審議会臨時委員

校長解任 Before ＆ After ―教職キャリアアップ―

平成27年(2015)5月25日　初版第一刷	著　者	角　田　元　良
平成29年(2017)10月11日　第二版第一刷	発行人	大　平　　　聡
	発行所	株式会社　第一公報社

〒112-0002
東京都文京区小石川4-4-17
電話03(6801)5118　FAX03(6801)5119

印刷・製本　大村印刷株式会社

落丁本・乱丁本はお取替えいたします
©2017 第一公報社
ISBN978-4-88484-329-8　C3037